DOUGLAS TUFANO

MÁRIO DE ANDRADE
POESIA - CONTO - CRÔNICA - ROMANCE

NA SALA DE AULA

© DOUGLAS TUFANO

COORDENAÇÃO EDITORIAL	Maristela Petrili de Almeida Leite
EDIÇÃO DE TEXTO	Janette Tavano
COORDENAÇÃO DE EDIÇÃO DE ARTE	Camila Fiorenza
ILUSTRAÇÕES	Weberson Santiago
DIAGRAMAÇÃO	Cristina Uetake
COORDENAÇÃO DE REVISÃO	Elaine Cristina del Nero
REVISÃO	Andrea Ortiz
COORDENAÇÃO DE BUREAU	Américo Jesus
COORDENAÇÃO DE PESQUISA ICONOGRÁFICA	Luciano Baneza Gabarron
PESQUISA ICONOGRÁFICA	Vanessa Manna
TRATAMENTO DE IMAGENS	Marina M. Buzzinaro
PRÉ-IMPRESSÃO	Helio P. de Souza Filho
COORDENAÇÃO DE PRODUÇÃO INDUSTRIAL	Andrea Quintas dos Santos
IMPRESSÃO E ACABAMENTO	Forma Certa
LOTE	293704

Dados Internacionais de Catalogação na Publicação (CIP)
(Câmara Brasileira do Livro, SP, Brasil)

Tufano, Douglas
  Mário de Andrade na sala de aula : poesia, conto, crônica, romance / Douglas Tufano. – São Paulo : Moderna, 2016. – (Série na sala de aula)

ISBN 978-85-16-10272-2

1. Andrade, Mário de, 1893-1945 – Crítica e interpretação 2. Contos brasileiros – História e crítica 3. Crônicas brasileiras – História e crítica 4. Poesia brasileira – História e crítica 5. Romance brasileiro – História e crítica 6. Sala de aula – Direção I. Título. II. Série.

16-01517   CDD-869.09

Índice para catálogo sistemático:
1. Literatura brasileira: História e crítica 869.09

Reprodução proibida. Art.184 do Código Penal e Lei 9.610 de 19 de fevereiro de 1998

Todos os direitos reservados

EDITORA MODERNA LTDA.
Rua Padre Adelino, 758 - Belenzinho
São Paulo - SP - Brasil - CEP 03303-904
Vendas e Atendimento: Tel. (11) 2790-1300
www.modernaliteratura.com.br
2021

SUMÁRIO

8 **Mário de Andrade: "Eu sou trezentos, sou trezentos e cinquenta"**

    11 *Pauliceia desvairada*

    13 "São Paulo! Comoção da minha vida..."

    15 Uma obra rica e variada

16 **Poesias**

    17 Ode ao burguês

    20 Quando eu morrer

    22 Mãe

    24 Serra do Rola-Moça

    26 Descobrimento

    27 Poemas da amiga

28 **Polêmicas modernistas antes de 1922**

    30 exposição de Anita Malfatti

    33 Brecheret e o triunfo da modernidade

35 **Contos**

    37 Vestida de preto

    45 O peru de Natal

52 A Semana de Arte Moderna de 1922

56 As noites de espetáculos

59 Desejo de atualização

61 Crônicas

63 Ritmo de marcha

67 Problemas de trânsito

71 Grupos e revistas modernistas

73 Movimento Pau-Brasil

74 Movimento Verde-Amarelo e Grupo da Anta

75 Movimento Antropofágico: "tupi or not tupi"

76 Romances

77 *Amar, verbo intransitivo*

102 *Macunaíma – O herói sem nenhum caráter*

119 Entrevista imaginária com Mário de Andrade

124 Sugestões de atividades

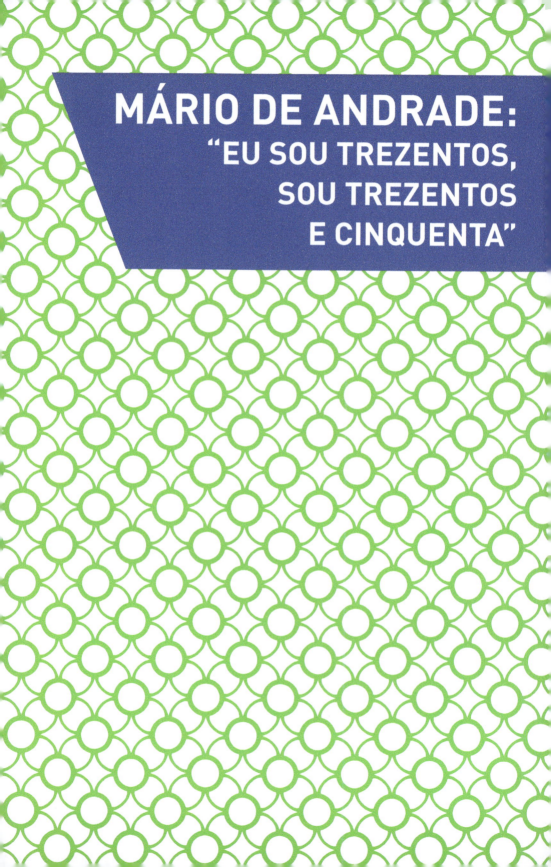

MÁRIO DE ANDRADE EM SUA CASA, NA RUA LOPES CHAVES, REGIÃO CENTRAL DE SÃO PAULO, ONDE VIVEU DE 1921 ATÉ SUA MORTE, EM 1945.

Mário Raul de Morais Andrade era paulistano: nasceu no dia 9 de outubro de 1893 e faleceu em 25 de fevereiro de 1945, aos 51 anos, também na cidade de São Paulo.

Além de poeta e prosador, foi professor de piano e de história da música. Pesquisador incansável e dotado de grande curiosidade intelectual, interessou-se pelas mais variadas manifestações artísticas, escrevendo sobre literatura, folclore, artes plásticas e música. Foi realmente "trezentos, trezentos e cinquenta", como escreveu certa vez num poema. Por seu espírito criativo e dinamismo, exerceu grande influência no desenvolvimento do Modernismo no Brasil.

Com o tempo, Mário de Andrade se transformou numa espécie de conselheiro literário, sobretudo dos escritores jovens, que lhe escreviam constantemente pedindo opiniões, discutindo pontos de vista ou enviando textos para serem comentados. Eles o viam como um irmão mais velho e experiente. E Mário nunca deixou de responder a uma carta.

Um desses jovens foi Carlos Drummond de Andrade, que viria a ser um dos mais importantes poetas brasileiros. Sobre essa correspondência, declarou Drummond: "As cartas de Mário de Andrade ficaram constituindo o acontecimento mais formidável de nossa vida intelectual belo-horizontina. Eram torpedos de pontaria infalível. Depois de recebê-las, ficávamos diferentes do que éramos antes. E diferentes no sentido de mais ricos ou mais lúcidos".

NO SOBRADO DA RUA LOPES CHAVES, 546, FUNCIONA HOJE A OFICINA DA PALAVRA CASA MÁRIO DE ANDRADE.

PAULICEIA DESVAIRADA

Mário de Andrade teve uma educação bastante católica, formando-se no Ginásio Nossa Senhora do Carmo, dos Irmãos Maristas. Em sua casa havia um ambiente favorável às artes. Seu pai gostava de teatro e escrevia peças, enquanto a mãe e a tia tocavam piano.

Tinha um irmão mais velho, Carlos, e dois mais novos: Renato e Maria de Lourdes. Em 1913, ocorreu uma tragédia que marcou a vida de Mário de Andrade: Renato, com apenas 14 anos, morreu em consequência de um acidente numa partida de futebol.

Em busca de uma formação profissional, Mário de Andrade acabou se direcionando para o campo artístico. Ingressou no Conservatório Dramático e Musical de São Paulo, completou o curso e logo tornou-se membro da instituição, como professor de piano e de história da música.

Começou também, paralelamente, a escrever artigos de crítica de arte em jornais e revistas. Em 1917, com o pseudônimo de Mário Sobral, publicou seu primeiro livro: *Há uma gota de sangue em cada poema*. Passou a frequentar exposições, interessou-se pelas artes plásticas, mas foi em 1921, com o lançamento do livro de poesias *Pauliceia desvairada*, que seu nome tornou-se cada vez mais conhecido. Aliás, esse livro nasceu de uma discussão familiar em torno de uma obra do escultor Victor Brecheret, que Mário admirava. Eis o seu relato sobre isso:

Foi quando Brecheret me concedeu passar em bronze um gesto dele que eu adorava, uma cabeça de Cristo. Mas "com que roupa"? eu devia os olhos da cara! Não hesitei, fiz mais conchavos financeiros e afinal pude desembrulhar em casa a minha Cabeça de Cristo. A notícia correu num átimo, e a parentada que morava pegado, invadiu a casa para ver. E brigar. Aquilo até era pecado mortal, onde se viu Cristo de trancinha! era feio, medonho!

Fiquei alucinado, palavra de honra. Minha vontade era matar. Jantei por dentro, num estado inimaginável de estraçalho. Depois subi para o quarto, era noitinha, na intenção de me arranjar, sair, espairecer um bocado, botar uma bomba no centro do mundo, nem sei. Sei que cheguei à sacada, olhando sem ver o meu Largo do Paissandu. Ruídos, luzes, falas abertas subindo dos choferes de aluguel. Estava aparentemente calmo. Não sei o que me deu... Cheguei na secretária, abri um caderno, escrevi o título em que jamais pensara, Pauliceia desvairada. O estouro chegara afinal, depois de quase ano de angústias interrogativas. Entre exames, desgostos, dívidas, brigas, em poucos dias estava jogado no papel um discurso bárbaro, duas vezes maior talvez do que isso que o trabalho de arte fez um livro.

A publicação de *Pauliceia desvairada* e de vários artigos de crítica literária e artística ampliou o círculo de amizades de Mário de Andrade. Sua própria casa transformou-se em ponto de encontro dos modernistas — jovens que tinham o projeto de renovar o ambiente cultural e artístico e que produziam obras geralmente criticadas pelos tradicionalistas. Na casa de Mário, reuniam-se periodicamente Oswald de Andrade, Guilherme de Almeida, Sérgio Milliet, a pintora Anita Malfatti e o pintor carioca Di Cavalcanti.

Em 1922, com a realização da Semana de Arte Moderna, o grupo modernista chamou ainda mais a atenção da sociedade sobre suas propostas de renovação.

CARTA DE VICTOR BRECHERET PARA MÁRIO DE ANDRADE, DE 1921. NESSA ÉPOCA, O ESCULTOR ESTAVA EM PARIS E NA CARTA ELE COMENTA QUE LERA OS VERSOS DE *PAULICEIA DESVAIRADA*.

UMA OBRA RICA E VARIADA

Mário de Andrade tem uma obra extensa, com livros que abrangem a história da música, o folclore, as artes plásticas, entre outros assuntos. No campo estritamente literário, destacam-se:

• Poesia: *Há uma gota de sangue em cada poema*; *Pauliceia desvairada*; *Losango cáqui*; *Clã do jabuti*; *Remate de males*; *O carro da miséria*; *A costela do grão cão*; *Lira paulistana*.

• Prosa: *Amar, verbo intransitivo* (idílio); *Macunaíma – o herói sem nenhum caráter* (rapsódia); *Os contos de Belazarte*; *Contos novos*; *Os filhos da Candinha* (crônicas).

Uma das preocupações de Mário de Andrade foi sempre a busca por uma linguagem literária brasileira que levasse em conta certas peculiaridades da nossa língua falada. Por isso, muitas vezes desconsiderou as regras gramaticais e ortográficas, criando um estilo todo particular de escrita. Nem sempre, porém, essas inovações foram rigorosamente seguidas por ele. Essa preocupação com o "abrasileiramento" da nossa língua literária, aliás, aproxima Mário de Andrade de José de Alencar (1829-1877), autor da época do Romantismo que também se importou com essa questão. Em vista disso, nos textos selecionados para esta edição, o leitor encontrará algumas palavras e construções que fogem às normas gramaticais vigentes (esses casos estão devidamente destacados e anotados).

MÁRIO DE ANDRADE EM 1935.

BIBLIOTECA MUNICIPAL MÁRIO DE ANDRADE, EM SÃO PAULO: O NOME DO POETA PARA SEMPRE LIGADO À CULTURA DE SUA CIDADE NATAL.

"SÃO PAULO! COMOÇÃO DA MINHA VIDA..."

Esse é o primeiro verso do poema *Inspiração*, uma espécie de declaração de amor pela cidade natal. Mário de Andrade foi um escritor profundamente identificado com São Paulo. Não era uma paixão cega, sabia reconhecer muito bem os problemas, mas adorava o dinamismo da cidade, a energia que o contagiava e que o estimulava para o trabalho.

Esse amor se estendeu para todo o resto do Brasil. Mário de Andrade confessava amar o país e por isso se interessava por sua cultura, suas histórias e sua arte. Viajou por diversas regiões, foi ao Nordeste, ao Norte e à Amazônia, quis conhecer tudo. Mantinha contato com tanta gente que hoje nos parece incrível que ele arranjasse tempo para escrever tantas cartas. Correspondeu-se, por exemplo, com o poeta Manuel Bandeira de 1922 a 1945.

Em 1934, foi nomeado diretor do Departamento de Cultura do Município de São Paulo. No ano seguinte, criou a Discoteca Pública de São Paulo, uma iniciativa inédita no esforço de divulgação cultural. Promoveu o 1º Congresso da Língua Nacional Cantada e instituiu cursos de etnografia e folclore.

Desanimado com as pressões burocráticas, afastou-se do Departamento de Cultura em 1938 e mudou-se para o Rio de Janeiro, onde assumiu o cargo de diretor do Instituto de Artes da Universidade do Distrito Federal. Mas não conseguiu ficar muito tempo longe de São Paulo e regressou em 1940 para trabalhar no Serviço do Patrimônio Histórico e Artístico Nacional.

O trabalho exaustivo, as contrariedades profissionais, as múltiplas atividades de pesquisador e escritor acabaram cobrando seu preço: ele começou a ter problemas de saúde.

Morreu no dia 25 de fevereiro de 1945, vítima de um ataque cardíaco. Apesar de já ser um escritor famoso na época, foi só com o passar dos anos que se percebeu o quanto Mário de Andrade foi importante para a história da cultura brasileira. O poeta Manuel Bandeira assim escreveu sobre ele:

Para um homem como Mário de Andrade não pode haver a morte "que acaba tudo". Porque a sua obra é imperecível, e por dois motivos: pelo seu valor intrínseco e pelo que há nela de interesse social. Mário foi o brasileiro que mais se esforçou na tarefa de "patrializar" a nossa terra. Tal esforço está sempre presente nas cartas que dele recebi.

ODE AO BURGUÊS[1]

Eu insulto o burguês! O burguês-níquel
o burguês-burguês!
A digestão bem-feita de São Paulo!
O homem-curva! O homem-nádegas!
O homem que sendo francês, brasileiro, italiano,
é sempre um cauteloso pouco a pouco!

Eu insulto as aristocracias cautelosas!
Os barões lampiões! Os condes Joões! Os duques zurros[2]!
que vivem dentro de muros sem pulos,
e gemem sangue de alguns mil-réis fracos
para dizerem que as filhas da senhora falam o francês
e tocam o "Printemps"[3] com as unhas!

---

1   Os poemas reproduzidos aqui foram extraídos da obra *Poesias completas*. 4ª ed. São Paulo: Martins, 1974, que reúne todos os livros de poesia de Mário de Andrade. No final de cada texto, estará indicado o livro onde o poema foi publicado originalmente.
2   Zurros: relinchos feitos por burros e mulas.
3   *Printemps* (em francês): primavera.

Eu insulto o burguês-funesto!
O indigesto feijão com toucinho, dono das tradições!
Fora os que algarismam[1] os amanhãs!
Olha a vida dos nossos setembros!
Fará sol? Choverá? Arlequinal!
Mas à chuva dos rosais
o êxtase fará sempre Sol!
Morte à gordura!

Morte às adiposidades[2] cerebrais!
Morte ao burguês-mensal!
ao burguês-cinema! ao burguês-tílburi[3]!
Padaria Suíssa! Morte viva ao Adriano!
"— Ai, filha, que te darei pelos teus anos?
— Um colar... — Conto e quinhentos!!!
Mas nós morremos de fome!"

---

1   Algarismam: que reduzem tudo a números.
2   Adiposidades: gorduras.
3   Tílburi: antigo carro de duas rodas, puxado por um animal, ainda comum em muitas cidades no início do século XX.

Come! Come-te a ti mesmo, oh! gelatina pasma!
Oh! *purée* de batatas morais!
Oh! cabelos nas ventas[1]! oh! carecas!
Ódio aos temperamentos regulares!
Ódio aos relógios musculares! Morte e infâmia!
Ódio à soma! Ódio aos secos e molhados
Ódios aos sem desfalecimentos nem arrependimentos,
sempiternamente as mesmices convencionais!
De mãos nas costas! Marco eu o compasso! Eia!
Dois a dois! Primeira posição! Marcha!
Todos para a Central do meu rancor inebriante!
Ódio e insulto! Ódio e raiva! Ódio e mais ódio!
Morte ao burguês de giolhos[2],
cheirando religião e que não crê em Deus!
Ódio vermelho! Ódio fecundo! Ódio cíclico!
Ódio fundamento, sem perdão!

Fora! Fu! Fora o bom burguês!...

(do livro *Pauliceia desvairada*)

Poema típico da fase inicial do Modernismo, é uma espécie de explosão verbal, um grito de protesto contra a concepção burguesa da vida, aquela que transforma tudo em algarismos. O título, na verdade, soa como "ódio ao burguês". Mário de Andrade disse sobre este poema: "Quem não souber urrar não leia *Ode ao burguês*". Construído de frases exclamativas, versos livres e associações de ideias bem subjetivas, incluindo palavras que a tradição não reconhece como "poéticas", fez muito sucesso entre os jovens poetas da época, pois rompia violentamente com as concepções literárias tradicionais.

---

1 Ventas: narinas.
2 Giolhos: forma antiga de joelhos.

QUANDO EU MORRER

Quando eu morrer quero ficar,
Não contem aos meus inimigos,
Sepultado em minha cidade,
Saudade.

Meus pés enterrem na rua Aurora,
No Paissandu deixem meu sexo,
Na Lopes Chaves a cabeça
Esqueçam.

No Pátio do Colégio afundem
O meu coração paulistano:
Um coração vivo e um defunto
Bem juntos.

Escondam no Correio o ouvido
Direito, o esquerdo nos Telégrafos,
Quero saber da vida alheia,
Sereia.

O nariz guardem nos rosais,
A língua no alto do Ipiranga
Para cantar a liberdade.
Saudade...

Os olhos lá no Jaraguá
Assistirão ao que há de vir,
O joelho na Universidade,
Saudade...

As mãos atirem por aí,
Que desvivam como viveram,
As tripas atirem pro Diabo,
Que o espírito será de Deus.
Adeus.

(do livro *Lira paulistana*)

As referências aos vários locais de São Paulo refletem a íntima identificação do poeta com sua cidade natal.

MÃE

Existirem mães,
Isso é um caso sério.
Afirmam que a mãe
Atrapalha tudo.
É fato, ela prende
Os erros da gente,
E era bem melhor
Não existir mãe.

Mas em todo caso
Quando a vida está
Mais dura, mais vida,
Ninguém como a mãe
Pra aguentar a gente
Escondendo a cara
Entre os joelhos dela
– O que você tem?...
Ela bem que sabe
Porém a pergunta
É pra disfarçar.
Você mente muito,
Ela faz que aceita,
E a desgraça vira
Mistério pra dois.
Não vê que uma amante
Nem outra mulher
Entende a verdade
Que a gente confessa
Por trás das mentiras!
Só mesmo uma mãe...
Só mesmo essa dona
Que apesar de ter
A cara raivosa
Do filho entre os seios

Marcando-lhe a carne,
Sentindo-lhe os cheiros,
Permanece virgem,
E o filho também...
Oh virgens, perdei-vos,
Pra terdes direito
A essa virgindade
Que só as mães têm!

(do livro *A costela do grão cão*)

Escrito em versos de cinco sílabas (redondilhas menores), tradicionalmente usados em composições populares, esse poema sobre as mães, na sua aparente simplicidade, é uma reflexão sobre a vida humana e o amor.

SERRA DO ROLA-MOÇA

A serra do Rola-Moça
Não tinha esse nome não...
Eles eram do outro lado,
Vieram na vila casar.
E atravessaram a serra,
O noivo com a noiva dele
Cada qual no seu cavalo.

Antes que chegasse a noite,
Se lembraram de voltar.
Disseram adeus pra todos
E puseram-se de novo
Pelos atalhos da serra
Cada qual no seu cavalo.
Os dois estavam felizes,
Na altura tudo era paz.
Pelos caminhos estreitos,
Ele na frente ela atrás.
E riam. Como eles riam!
Riam até sem razão.

A serra do Rola-Moça
Não tinha esse nome não.

As tribos rubras[1] da tarde
Rapidamente fugiam
E apressadas se escondiam
Lá embaixo nos socavões[2]
Temendo a noite que vinha.

Porém os dois continuavam
Cada qual no seu cavalo,
E riam. Como eles riam!
E os risos também casavam
Com as risadas dos cascalhos
Que pulando levianinhos
Da vereda se soltavam
Buscando o despenhadeiro.

Ah, Fortuna inviolável[3]!
O casco pisara em falso.
Dão noiva e cavalo um salto
Precipitados no abismo
Nem o baque se escutou.
Faz um silêncio de morte.
Na altura tudo era paz...
Chicoteando o seu cavalo,
No vão do despenhadeiro.
O noivo se despenhou.

E a serra do Rola-Moça
Rola-Moça se chamou.

(Parte do longo poema "Noturno de
Belo Horizonte", do livro *Clã do jabuti*)

Na elaboração desse poema, Mário de Andrade baseou-se numa história popular mineira que, aliás, dá nome hoje ao conhecido Parque Estadual da Serra do Rola-Moça. Os versos de sete sílabas (redondilhas maiores) recriam o ritmo típico das cantigas populares.

---

1   Rubras: **vermelhas.**
2   Socavões: **grutas.**
3   Fortuna inviolável: **destino misterioso.**

DESCOBRIMENTO

Abancado à escrivaninha em São Paulo
Na minha casa da rua Lopes Chaves
De supetão[1] senti um friúme[2] por dentro.
Fiquei trêmulo, muito comovido
Com o livro palerma olhando pra mim.

Não vê que me lembrei que lá no Norte, meu Deus!
muito longe de mim
Na escuridão ativa da noite que caiu
Um homem pálido magro de cabelo escorrendo nos olhos,
Depois de fazer uma pele com a borracha do dia[3],
Faz pouco se deitou, está dormindo.

Esse homem é brasileiro que nem eu.

(do livro *Clã do Jabuti*)

O momento lírico, expresso em versos livres, surge do descobrimento de uma identidade nacional, um dos temas do Modernismo.

---

1   De supetão: de repente.
2   Friúme: frio.
3   Borracha do dia: alusão aos seringueiros e sua vida sofrida.

POEMAS DA AMIGA

A tarde se deitava nos meus olhos
E a fuga da hora me entregava abril,
Um sabor familiar de até-logo criava
Um ar, e, não sei por que, te percebi.

Voltei-me em flor. Mas era apenas tua lembrança.
Estavas longe, doce amiga, e só vi no perfil da cidade
O arcanjo forte do arranha-céu cor-de-rosa
Mexendo asas azuis dentro da tarde.

(do livro *Remate de males*)

Esse poema é o primeiro de um conjunto chamado *Poemas da Amiga*. Numa linguagem concisa e enxuta, ele revela um lirismo suave expresso em imagens poéticas bem subjetivas. Seu tom contido, como uma confissão em voz baixa, o distingue da maioria dos poemas de Mário de Andrade.

POLÊMICAS MODERNISTAS
ANTES DE 1922

Mário de Andrade participou ativamente das discussões sobre a renovação da literatura e da cultura brasileiras em geral. E um dos pontos altos desse movimento foi a realização da Semana de Arte Moderna, em 1922, que acabou se tornando uma espécie de marco inicial do Modernismo.

Antes disso, porém, já eram evidentes os sinais de descontentamento com a literatura que se fazia no país, presa ainda aos velhos modelos acadêmicos, salvo por algumas raras exceções. Ainda que se reconhecesse a necessidade de uma renovação, nem todos viam com bons olhos as ideias de revolução artística que começavam a circular entre os escritores mais jovens, promotores de encontros e articuladores de movimentos que tinham como objetivo "arejar" o nosso ambiente cultural.

Em 1912, o jovem escritor e jornalista Oswald de Andrade toma conhecimento, na Europa, das ideias do Futurismo, que mais tarde seriam divulgadas em São Paulo. Em 1915, o brasileiro Ronald de Carvalho participa da fundação da revista *Orpheu*, que assinala o início da vanguarda futurista em Portugal. Em 1916, funda-se a *Revista do Brasil*, marcada por uma linha crítica e nacionalista.

Pouco a pouco, começam a se formar grupos de escritores que, embora sem consciência clara e definida do que desejavam, sentiam que era preciso modernizar a nossa literatura. Vendo na Academia Brasileira de Letras uma espécie de representação oficial da literatura tradicional, esses jovens intelectuais passaram a atacá-la, erguendo contra a instituição a bandeira da renovação e da modernidade.

> Nessa época, a palavra modernismo ainda não era comum. Em seu lugar, usava-se o termo Futurismo, corrente artística criada na Itália pelo escritor Filippo Tommaso Marinetti. Embora não concordassem inteiramente com as ideias de Marinetti, os modernistas aceitaram esse "rótulo" apenas para marcar posição no ambiente literário. Assim, ser futurista era ser contrário à arte acadêmica e passadista e ser adepto de ideias renovadoras e arrojadas. E para os tradicionalistas, ser futurista era ser, no mínimo, extravagante...

A ARTISTA ANITA MALFATTI.

© Coleção particular

A EXPOSIÇÃO DE ANITA MALFATTI

Uma exposição de quadros no fim de 1917 na cidade de São Paulo acabou gerando ainda mais polêmica a respeito da arte moderna. As obras eram de Anita Malfatti (1889-1964).

Ao voltar de uma viagem de estudos à Europa e aos Estados Unidos, onde conhecera as novas tendências artísticas, principalmente o Cubismo e o Expressionismo, Anita Malfatti — à época com apenas 21 anos —, foi incentivada por alguns amigos a exibir suas últimas obras.

No acanhado meio artístico paulistano, a exposição provocou surpresa. Entretanto, o que realmente desencadeou a polêmica, não só sobre a pintora, mas principalmente sobre a validade da nova arte, foi um artigo escrito por Monteiro Lobato, crítico de arte do jornal *O Estado de S. Paulo*, que ficou conhecido pelo título: *Paranoia ou mistificação?*

Apesar da lucidez com que debatia certos problemas brasileiros, nessa questão de pintura moderna Monteiro Lobato mostrou-se intolerante, criticando violentamente as novas tendências, chegando a ridicularizá-las: "Sejamos sinceros: futurismo, cubismo, impressionismo e *tutti quanti*[1] não passam de outros tantos ramos da arte caricatural. É a extensão da caricatura a regiões onde não havia até agora penetrado".

Monteiro Lobato reconhece o talento de Anita Malfatti, mas acha que ela o desperdiça fazendo imitações desses "enganadores". Compara a arte moderna aos desenhos feitos pelos loucos nos manicômios: "A única diferença reside em que nos manicômios esta arte é sincera, produto ilógico de cérebros transtornados pelas mais estranhas psicoses; e fora deles, nas exposições públicas, zabumbadas pela imprensa e absorvidas por americanos malucos, não há sinceridade nenhuma, nem nenhuma lógica, sendo mistificação pura".

Lobato era uma das figuras destacadas do ambiente cultural da época. E era um respeitado crítico de arte de um jornal influente. Mas no projeto nacionalista que imaginava para resgatar a autêntica cultura brasileira e livrá-la do que considerava o seu grande mal — a imitação servil das modas estrangeiras —, parecia não haver espaço para a aceitação de outras formas de expressão artística a não ser o estilo naturalista. Ele não aceitava as experiências radicais da vanguarda artística. Por isso, entusiasmou-se com o talento de Anita Malfatti — "um talento vigoroso, fora do comum"—, mas decepcionou-se com os rumos que ela tomara.

> **Apesar dessa polêmica, Anita Malfatti e Monteiro Lobato trabalharam juntos. Ela chegou a desenhar várias capas para livros de autores modernistas lançados pela editora de Monteiro Lobato.**

De qualquer forma, a crítica de Lobato teve uma grande repercussão e foi vista realmente como uma ofensa à pintura moderna em geral. O Modernismo sofria, assim, seu ataque mais forte. Entretanto, essa mesma crítica acabou aproximando os jovens artistas, que se uniram em defesa das novas formas de expressão. A importância do "caso Malfatti" foi confirmada, mais tarde, por Mário de Andrade, um dos principais nomes do Modernismo: "Foi ela, foram os seus quadros que nos deram uma primeira consciência de revolta e de coletividade em luta pela modernização das artes brasileiras".

---

1   *Tutti quanti* (em italiano): locução usada para encerrar uma enumeração; equivale a "etc.".

Para Lobato, o estilo de Almeida Júnior era um exemplo do caminho que a pintura brasileira deveria seguir. Por isso, o Cubismo e o Expressionismo que Anita Malfatti mostrou em algumas obras irritou Lobato, que a criticou por "estragar" seu talento imitando essas tendências que estavam na moda e que, para ele, não eram arte.

SAUDADE (MOÇA LENDO CARTA), DE JOSÉ FERRAZ DE ALMEIDA JÚNIOR (1899).

BRECHERET E O TRIUNFO DA MODERNIDADE

O escultor Victor Brecheret (1894-1955) tornou-se a segunda figura de destaque nesse período inicial do Modernismo.

"Descoberto" em 1919 pelos modernistas, num modesto estúdio, Brecheret tornou-se logo o centro das atenções dos jovens artistas, deslumbrados diante do vigor de suas obras. Tomados por essa empolgação, elevam o jovem artista de 25 anos à categoria de gênio, como testemunhou Mário de Andrade: "Porque Victor Brecheret, para nós, era no mínimo um gênio. Este era o mínimo com que podíamos nos contentar, tais os entusiasmos a que ele nos sacudia". O talento de Brecheret conquistou não só os jovens, mas até muitos tradicionalistas, inclusive o próprio Monteiro Lobato, que pouco tempo antes tinha sido tão duro com o modernismo de Anita Malfatti.

Quem mora em São Paulo com certeza já passou várias vezes em frente de uma importante obra de Victor Brecheret: é o *Monumento às bandeiras*. É uma das maiores esculturas do mundo, com 37 figuras, 50 metros de comprimento, 16 de largura e 10 de altura. Situada perto do parque do Ibirapuera, na cidade de São Paulo, a obra foi encomendada pela prefeitura em 1921 e inaugurada no dia 25 de janeiro de 1953, data do aniversário da cidade — como a base da escultura estava inacabada, houve uma reinauguração em 1954.

Quando Brecheret venceu um concurso internacional em Paris, os modernistas exultaram, pois era a vitória de suas ideias renovadoras. Vencer em Paris era vencer no mundo civilizado, na capital das artes. E era poder tachar de ultrapassados os que não aceitavam a nova arte. Entusiasmado, um dos modernistas, Menotti del Picchia, escreve no *Correio Paulistano* de 10 de novembro de 1920, a respeito da vitória de Brecheret: "É a consagração do grupo novo. É a morte da velharia, do arcaísmo, do mau gosto". Como se vê, foi forte a influência das artes plásticas sobre os jovens escritores.

CONTOS

Percebi que eu fora uma besta, sim agora que principiava sendo alguém, estudando por mim fora dos ginásios, vibrando em versos que muita gente já considerava. E percebi horrorizado, que Rose! nem Violeta, nem nada! era Maria que eu amava como louco!

VESTIDA DE PRETO

Tanto andam agora preocupados em definir o conto que não sei bem se o que vou contar é conto ou não, sei que é verdade. Minha impressão é que tenho amado sempre. Depois do amor grande por mim que brotou aos três anos e durou até os cinco mais ou menos, logo o meu amor se dirigiu para uma espécie de prima longínqua que frequentava a nossa casa. Como se vê, jamais sofri do complexo de Édipo[1], graças a Deus. Toda a minha vida, mamãe e eu fomos muito bons amigos, sem nada de amores perigosos.

Maria foi o meu primeiro amor. Não havia nada entre nós, está claro, ela como eu nos seus cinco anos apenas, mas não sei que divina melancolia nos tomava, se acaso nos achávamos juntos e sozinhos. A voz baixava de tom, e principalmente as palavras é que se tornaram mais raras, muito simples. Uma ternura imensa, firme e reconhecida, não exigindo nenhum gesto. Aquilo aliás durava pouco, porque logo a criançada chegava. Mas tínhamos então uma raiva impensada dos manos e dos primos, sempre exteriorizada em palavras ou modos de irritação. Amor apenas sensível naquele instinto de estarmos sós.

E só mais tarde, já pelos nove ou dez anos, é que lhe dei nosso único beijo, foi maravilhoso. Se a criançada estava toda junta naquela casa sem jardim da Tia Velha[2], era fatal brincarmos de família, porque assim Tia Velha evitava correrias e estragos. Brinquedo aliás que nos interessava muito, apesar da idade já avançada para ele. Mas é que na casa de Tia Velha tinha muitos quartos, de forma que casávamos rápido, só de boca, sem nenhum daqueles cerimoniais de mentira que dantes nos interessavam tanto, e cada par fugia logo, indo viver no seu quarto. Os melhores interesses infantis do brinquedo, fazer comidinha, amamentar bonecas, pagar visitas, isso nós deixávamos com generosidade apressada para os menores. Íamos para os nossos quartos e ficávamos vivendo lá. O que os outros faziam, não sei. Eu, isto é, eu com Maria, não fazíamos nada. Eu adorava principalmente era ficar assim sozinho com ela, sabendo várias safadezas já mas sem tentar nenhuma. Havia, não havia não, mas sempre como que havia um perigo iminente que ajuntava o seu crime à intimidade daquela solidão. Era suavíssimo e assustador.

---

1   Complexo de Édipo: segundo a teoria psicanalítica de Freud, atração sexual de um menino pela mãe, acompanhado de ciúme do pai.
2   Tia Velha: referência à tia Isabel Maria do Carmo de Morais Rocha. Como se vê, há várias referências autobiográficas nos textos de Mário de Andrade.

Maria fez uns gestos, disse algumas palavras. Era o aniversário de alguém, não lembro mais, o quarto em que estávamos fora convertido em dispensa, cômodas e armários cheios de pratos de doces para o chá que vinha logo. Mas quem se lembrasse de tocar naqueles doces, no geral secos, fáceis de disfarçar qualquer roubo! estávamos longe disso. O que nos deliciava era mesmo a grave solidão.

Nisto os olhos de Maria caíram sobre o travesseiro sem fronha que estava sobre uma cesta de roupa suja a um canto. E a minha esposa teve uma invenção que eu também estava longe de não ter. Desde a entrada no quarto eu concentrara todos os meus instintos na existência daquele travesseiro, o travesseiro cresceu como um danado dentro de mim e virou crime. Crime não, "pecado" que é como se dizia naqueles tempos cristãos... E por causa disso eu conseguira não pensar até ali, no travesseiro.

— Já é tarde, vamos dormir — Maria falou.

Fiquei estarrecido, olhando com uns fabulosos olhos de imploração para o travesseiro quentinho, mas quem disse travesseiro ter piedade de mim. Maria, essa estava simples demais para me olhar e surpreender os efeitos do convite: olhou em torno e afinal, vasculhando na cesta de roupa suja, tirou de lá uma toalha de banho muito quentinha que estendeu sobre o assoalho. Pôs o travesseiro no lugar da cabeceira, cerrou as venezianas da janela sobre a tarde, e depois deitou, arranjando o vestido pra não amassar.

Mas eu é que nunca havia de pôr a cabeça naquele restico de travesseiro que ela deixou pra mim, me dando as costas. Restico sim, apesar do travesseiro ser grande. Mas imaginem numa cabeleira explodindo, os famosos cabelos assustados de Maria, citação obrigatória e orgulho de família. Tia Velha, muito ciumenta por causa duma neta preferida que ela imaginava deusa, era a única a pôr defeito nos cabelos de Maria.

— Você não vem dormir também? — ela perguntou com fragor, interrompendo o meu silêncio trágico.

— Já vou — que eu disse — estou conferindo a conta do armazém.

Fui me aproximando incomparavelmente sem vontade, sentei no chão tomando cuidado em sequer tocar no vestido, puxa! também o vestido dela estava completamente assustado, que dificuldade! Pus a cara no travesseiro sem a menor intenção de. Mas os cabelos de Maria, assim era pior, tocavam de leve no meu nariz, eu podia espirrar, marido não espirra. Senti, pressenti que espirrar seria muito ridículo, havia de ser um espirrão enorme, os outros escutavam lá da sala de visita longínqua, e daí é que o nosso segredo se desvendava todinho.

Fui afundando o rosto naquela cabeleira e veio a noite, senão os cabelos (mas juro que eram cabelos macios) me machucavam os olhos. Depois que não vi nada, ficou fácil continuar enterrando a cara, a cara toda, a alma, a vida, naqueles cabelos, que maravilha! até que o meu nariz tocou num pescocinho roliço. Então fui empurrando os meus lábios, tinha uns bonitos lábios grossos, nem eram lábios, era beiço, minha boca foi ficando encanudada até que encontrou o pescocinho roliço. Será que ela dorme de verdade?... Me ajeitei muito sem-cerimônia, mulherzinha! e então beijei. Quem falou que este mundo é ruim! só recordar... Beijei Maria, rapazes! eu nem sabia beijar, está claro, só beijava mamães, boca fazendo bulha, contato sem nenhum calor sensual.

Maria, só um leve entregar-se, uma levíssima inclinação pra trás me fez sentir que Maria estava comigo em nosso amor. Nada mais houve. Não, nada mais houve. Durasse aquilo uma noite grande, nada mais haveria porque é engraçado como a perfeição fixa a gente. O beijo me deixara completamente puro, sem minhas curiosidades nem desejos de mais nada, adeus pecado e adeus escuridão! Se fizera em meu cérebro uma enorme luz branca, meu ombro bem que doía no chão, mas a luz era violentamente branca, proibindo pensar, imaginar, agir. Beijando.

Tia Velha, nunca eu gostei de Tia Velha, abriu a porta com um espanto barulhento. Percebi muito bem, pelos olhos dela, que o que estávamos fazendo era completamente feio.

— Levantem!... Vou contar pra sua mãe, Juca!

Mas eu, levantando com a lealdade mais cínica deste mundo!

— Tia Velha me dá um doce?

Tia Velha — eu sempre detestei Tia Velha, o tipo da bondade Berlitz, injusta, sem método — pois Tia Velha teve a malvadeza de escorrer por mim todo um olhar que só alguns anos mais tarde pude compreender inteiramente. Naquele instante, eu estava só pensando em disfarçar, fingindo uma inocência que poucos segundos antes era real.

— Vamos! saiam do quarto!

Fomos saindo muito mudos, numa bruta vergonha, acompanhados de Tia Velha e os pratos que ela viera buscar para a mesa de chá.

O estranhíssimo é que principiou, nesse acordar à força provocado por Tia Velha, uma indiferença inexplicável de Maria por mim. Mais que indiferença, frieza viva, quase antipatia. Nesse mesmo chá inda achou jeito de me maltratar diante de todos, fiquei zonzo.

Dez, treze, quatorze anos... Quinze anos. Foi então o insulto que julguei definitivo. Eu estava fazendo um ginásio sem gosto, muito arrastado, cheio de revoltas íntimas, detestava estudar. Só no desenho e nas composições de português tirava as melhores notas. Vivia nisso: dez nestas matérias, um, zero em todas as outras. E todos os anos era aquela já esperada fatalidade: uma, duas bombas (principalmente em matemática) que eu tomava apenas o cuidado de apagar nos exames de segunda época.

Gostar, eu continuava gostando muito de Maria, cada vez mais, conscientemente agora. Mas tinha uma quase certeza que ela não podia gostar de mim, quem gostava de mim!... Minha mãe... Sim, mamãe gostava de mim, mas naquele tempo eu chegava a imaginar que era só por obrigação. Papai, esse foi sempre insuportável, incapaz de uma carícia. Como incapaz de uma repreensão também. Nem mesmo comigo, a tara da família, ele jamais ralhou. Mas isto é caso pra outro dia. O certo é que, decidido em minha desesperada revolta contra o mundo que me rodeava, sentindo um orgulho de mim que jamais buscava esclarecer, tão absurdo o pressentia, o certo é que eu já principiava me aceitando por um caso perdido, que não adiantava melhorar.

Esse ano até fora uma bomba só. Eu entrava da aula do professor particular, quando enxerguei a saparia[1] na varanda e Maria entre os demais. Passei bastante encabulado, todos em férias, e os livros que eu trazia na mão me denunciando, lembrando a bomba, me achincalhando em minha imperfeição de caso perdido. Esbocei um gesto falsamente alegre de bom-dia, e fui no escritório pegado, esconder os livros na escrivaninha de meu pai. Ia já voltar para o meio de todos, mas Matilde, a peste, a implicante, a deusa estúpida que Tia Velha perdia com suas preferências:

— Passou seu namorado, Maria.

— Não caso com bombeado[2] — ela respondeu imediato, numa voz tão feia, mas tão feia, que parei estarrecido. Era a decisão final, não tinha dúvida nenhuma. Maria não gostava mais de mim. Bobo de assim parado, sem fazer um gesto, mal podendo respirar.

Aliás um caso recente vinha se ajuntar ao insulto pra decidir de minha sorte. Nós seríamos até pobretões, comparando com a família de Maria, gente que até viajava na Europa. Pois pouco antes, os pais tinham feito um papel bem indecente, se opondo ao casamento duma filha com um rapaz diz-que pobre mas ótimo.

---

1   **Saparia: o narrador refere-se de forma pejorativa aos parentes inoportunos que vão à sua casa.**

2   **Bombeado: estudante que levou bomba, que foi reprovado.**

Houvera um rompimento de amizade, mal-estar na parentagem toda, o caso virara escândalo mastigado e remastigado nos comentários de hora de jantar. Tudo por causa do dinheiro.

Se eu insistisse em gostar de Maria, casar não casava mesmo, que a família dela não havia de me querer. Me passou pela cabeça comprar um bilhete de loteria. "Não caso com bombeado"... Fui abraçando os livros de mansinho, acariciei-os junto ao rosto, pousei a minha boca numa capa, suja de pó suado, retirei a boca sem desgosto. Naquele instante eu não sabia, hoje sei: era o segundo beijo que eu dava em Maria, último beijo, beijo de despedida, que o cheiro desagradável do papelão confirmou. Estava tudo acabado entre nós dois.

Não tive mais coragem pra voltar à varanda e conversar com... os outros. Estava com uma raiva desprezadora de todos, principalmente de Matilde. Não, me parecia que já não tinha raiva de ninguém, não valia a pena, nem de Matilde, o insulto partira dela, fora por causa dela, mas eu não tinha raiva dela não, só tristeza, só vazio, não sei... creio que uma vontade de ajoelhar. Ajoelhar sem mais nada, ajoelhar ali junto da escrivaninha e ficar assim, ajoelhar. Afinal das contas eu era um perdido mesmo, Maria tinha razão, tinha razão, tinha razão, que tristeza!...

Foi o fim? Agora é que vem o mais esquisito de tudo, ajuntando anos pulados. Acho que até não consigo contar bem claro tudo o que sucedeu. Vamos por ordem: Pus tal firmeza em não amar Maria mais, que nem meus pensamentos me traíram. De resto a mocidade raiava e eu tinha tudo a aprender. Foi espantoso o que se passou em mim. Sem abandonar o meu jeito de "perdido", o cultivando mesmo, ginásio acabado, eu principiara gostando de estudar. Me batera, súbito, aquela vontade irritada de saber, me tornara estudiosíssimo. Era mesmo uma impaciência raivosa, que me fazia devorar bibliotecas, sem nenhuma orientação. Mas brilhava, fazia conferências empoladas[1] em sociedadinhas de rapazes, tinha ideias que assustavam todo o mundo. E todos principiavam maldando[2] que eu era muito inteligente mas perigoso.

Maria, por seu lado, parecia uma doida. Namorava com Deus e todo o mundo, aos vinte anos fica noiva de um rapaz bastante rico, noivado que durou três meses e se desfez de repente, pra dias depois ela ficar noiva de outro, um diplomata riquíssimo, casar em duas semanas com alegria desmedida, rindo muito no altar e partir em busca duma embaixada europeia com o secretário chique seu marido.

1 Empoladas: com palavras difíceis e ideias confusas.
2 Maldando: falando com maldade.

Às vezes meio tonto com estes acontecimentos fortes, acompanhados meio de longe, eu me recordava do passado, mas era só pra sorrir da nossa infantilidade e devorar numa tarde um livro incompreensível de filosofia. De mais a mais, havia Rose pra de-noite[1], e uma linda namoradinha oficial, a Violeta. Meus amigos me chamavam de "jardineiro", e eu punha na coincidência daquelas duas flores uma força de destinação fatalizada. Tamanha mesmo que topando numa livraria com *The Gardener* de Tagore[2], comprei o livro e comecei estudando o inglês com loucura. Mário de Andrade conta num dos seus livros que estudou o alemão por causa duma emboaba tordilha[3]... eu também: meu inglês nasceu duma Violeta e duma Rose.

Não, nasceu de Maria. Foi quando uns cinco anos depois, Maria estava pra voltar pela primeira vez ao Brasil, a mãe dela, queixosa de tamanha ausência, conversando com mamãe na minha frente, arrancou naquele seu jeito de gorda desabrida:

— Pois é, Maria gostou tanto de você, você não quis!... e agora ela vive longe de nós.

Pela terceira vez fiquei estarrecido neste conto. Percebi tudo num tiro de canhão. Percebi ela doidejando[4], noivando com um, casando com outro, se atordoando com dinheiro e brilho. Percebi que eu fora uma besta, sim agora que principiava sendo alguém, estudando por mim fora dos ginásios, vibrando em versos que muita gente já considerava. E percebi horrorizado, que Rose! nem Violeta, nem nada! era Maria que eu amava como louco! Maria é que amara sempre, como louco: ôh como eu vinha sofrendo a vida inteira, desgraçadíssimo, aprendendo a vencer só de raiva, me impondo ao mundo por despique[5], me superiorizando em mim só por vingança de desesperado. Como é que eu pudera me imaginar feliz, pior: ser feliz, sofrendo daquele jeito! Eu? eu não! era Maria, era exclusivamente Maria toda aquela superioridade que estava aparecendo em mim... E tudo aquilo era uma desgraça muito cachorra mesmo. Pois não andavam falando muito

---

1   Rose pra de-noite (na grafia do autor): pra de noite, isto é, para a vida sexual, enquanto Violeta seria a namoradinha oficial para manter as aparências sociais.

2   Rabindranath Tagore (1861-1941): famoso poeta e prosador indiano, ganhou o prêmio Nobel de literatura em 1913. *The gardener* (O jardineiro) é um de seus livros.

3   Emboaba tordilha: curiosamente, aqui o narrador do conto (Juca, portanto, um elemento ficcional) refere-se ao autor e pessoa real Mário de Andrade, que publicou o poema *Louvação da emboaba tordilha* num livro chamado *Losango cáqui*, que tem o subtítulo: "Afetos militares de mistura com os porquês de eu saber alemão". No entanto, nesse livro não fica clara a relação do subtítulo com o poema, que fala de amor.

4   Doidejando: vagueando, vivendo sem rumo.

5   Despique: desforra, vingança.

de Maria? Contavam que pintava o sete[1], ficara célebre com as extravagâncias e aventuras. Estivera pouco antes às portas do divórcio, com um caso escandaloso por demais, com um pintor de nomeada[2] que só pintava efeitos de luz. Maria falada, Maria bêbeda, Maria passada de mão em mão, Maria pintada nua...

Se dera como que uma transposição de destinos...

E tive um pensamento que ao menos me salvou no instante: se o que tinha de útil agora em mim era Maria, se ela estava se transformando no Juca imperfeitíssimo que eu fora, se eu era apenas uma projeção dela, como ela agora apenas uma projeção de mim, se nos trocáramos por um estúpido engano de amor: mas ao menos que eu ficasse bem ruim, mas bem ruim mesmo outra vez pra me igualar a ela de novo. Foi a razão da briga com Violeta, impiedosa, e a farra dessa noite — bebedeira tamanha que acabei ficando desacordado, numa série de vertigens, com médico, escândalo, e choro largo de mamãe com minha irmã.

Bom, tinha que visitar Maria, está claro, éramos "gente grande" agora. Quando soube que ela devia ir a um banquete, pensei comigo: "ótimo, vou hoje logo depois de jantar, não encontro ela e deixo o cartão". Mas fui cedo demais. Cheguei na casa dos pais dela, seriam nove horas, todos aqueles requififes[3] de gente ricaça, criado que leva cartão numa salva de prata etc. Os da casa estavam ainda jantando. Me introduziram na saletinha da esquerda, uma espécie de luís-quinze[4] muito sem-vergonha, dourado por inteiro, dando pro hol[5] central. Que fizesse o favor de esperar, já vinham.

Contemplando a gravura cor-de-rosa, senti de supetão que tinha mais alguém na saleta, virei. Maria estava na porta, olhando pra mim, se rindo, toda vestida de preto. Olhem: eu sei que a gente exagera em amor, não insisto. Mas se eu já tive a sensação da vontade de Deus, foi ver Maria assim, toda de preto vestida, fantasticamente mulher. Meu corpo soluçou todinho e tornei a ficar estarrecido.

— Ao menos diga boa-noite, Juca...

"Boa-noite, Maria, eu vou-me embora..." meu desejo era fugir, era ficar e ela ficar mas, sim, sem que nos tocássemos sequer. Eu sei, eu juro que sei que ela estava se entregando a mim, me prometendo tudo, me cedendo tudo quanto eu queria, naquele se deixar olhar, sorrindo leve, mãos unidas caindo na frente do corpo, toda vestida de preto. Um segundo, me passou na visão devorá-la numa

---

1   **Pintava o sete: tinha uma vida aventureira e irresponsável.**

2   **De nomeada: famoso.**

3   **Requififes: excessos de formalidades.**

4   **Luís-quinze (na grafia do autor): Luís XV, estilo antigo de mobiliário.**

5   **Hol (na grafia do autor): *hall*.**

hora estilhaçada de quarto de hotel, foi horrível. Porém, não havia dúvida: Maria despertava em mim os instintos da perfeição. Balbuciei afinal um boa-noite muito indiferente, e as vozes amontoadas vinham do hol, dos outros que chegavam.

Foi este o primeiro dos quatro amores eternos que fazem de minha vida uma grave condensação interior. Sou falsamente um solitário. Quatro amores me acompanham, cuidam de mim, vêm conversar comigo. Nunca mais vi Maria, que ficou pelas Europas, divorciada afinal, hoje dizem que vivendo com um austríaco interessado em feiras internacionais. Um aventureiro qualquer. Mas dentro de mim, Maria... bom: acho que vou falar banalidade[1].

(*Contos novos*. 9ª ed. São Paulo: Martins, 1979. p. 7-18.)

1. O narrador (Juca) relembra certos episódios do passado relacionados ao seu envolvimento afetivo com a prima Maria. Que fato na infância provocou no narrador duas reações diferentes que marcaram sua vida?
2. A partir desse fato, o que aconteceu com Juca e Maria?
3. Ao longo da narração, houve quatro ocasiões em que Juca diz que se sentiu estarrecido. Quais foram essas situações?
4. A diferença de nível social entre Juca e Maria tem importância nesse conto? Por quê?
5. "Mas dentro de mim, Maria...": no último parágrafo, o narrador não completou essa frase. Na sua opinião, o que ele ia dizer mas não disse?

---

1 Banalidade: coisa banal, trivial, sem originalidade.

Eu nem comia, nem podia mais gostar daquele peru perfeito, tanto que me interessava aquela luta entre os dois mortos. Cheguei a odiar papai. E nem sei que inspiração genial, de repente me tornou hipócrita e político.

O PERU DE NATAL

O nosso primeiro Natal de família, depois da morte de meu pai acontecida cinco meses antes, foi de consequências decisivas para a felicidade familiar. Nós sempre fôramos familiarmente felizes, nesse sentido muito abstrato da felicidade: gente honesta, sem crimes, lar sem brigas internas nem graves dificuldades econômicas.

Mas, devido principalmente à natureza cinzenta de meu pai, ser desprovido de qualquer lirismo, de uma exemplaridade incapaz, acolchoado no medíocre, sempre nos faltara aquele aproveitamento da vida, aquele gosto pelas felicidades materiais, um vinho bom, uma estação de águas, aquisição de geladeira, coisas assim. Meu pai fora de um bom errado, quase dramático, o puro-sangue dos desmancha-prazeres.

Morreu meu pai, sentimos muito, etc. Quando chegamos nas proximidades do Natal, eu já estava que não podia mais pra afastar aquela memória obstruente do morto, que parecia ter sistematizado pra sempre a obrigação de uma lembrança dolorosa em cada almoço, em cada gesto mínimo da família. Uma vez que eu sugerira à mamãe a ideia dela ir ver uma fita no cinema, o que resultou foram lágrimas. Onde se viu ir ao cinema, de luto pesado! A dor já estava sendo cultivada pelas aparências, e eu, que sempre gostara apenas regularmente de meu pai, mais por instinto de filho que por espontaneidade de amor, me via a ponto de aborrecer o bom do morto.

Foi decerto por isto que me nasceu, esta sim, espontaneamente, a ideia de fazer uma das minhas chamadas "loucuras". Essa fora aliás, e desde muito cedo, a minha esplêndida conquista contra o ambiente familiar. Desde cedinho, desde os tempos de ginásio, em que arranjava regularmente uma reprovação todos os anos; desde o beijo às escondidas, numa prima, aos dez anos, descoberto por Tia Velha, uma detestável de tia[1]; e principalmente desde as lições que dei ou recebi, não sei, de uma criada de parentes: eu consegui no reformatório do lar e na vasta parentagem, a fama conciliatória de "louco". "É doido, coitado!" falavam. Meus pais falavam com certa tristeza condescendente, o resto da parentagem buscando exemplo para os filhos e provavelmente com aquele prazer dos que se convencem de alguma superioridade. Não tinham doidos entre os filhos. Pois foi o que me salvou, essa fama. Fiz tudo o que a vida me apresentou e o meu ser exigia para se realizar com integridade. E me deixaram fazer tudo, porque eu era doido, coitado. Resultou disso uma existência sem complexos, de que não posso me queixar um nada.

Era costume sempre, na família, a ceia de Natal. Ceia reles[2], já se imagina: ceia tipo meu pai, castanhas, figos, passas, depois da Missa do Galo[3]. Empanturrados de amêndoas e nozes (quanto discutimos os três manos por causa dos

---

1   Alusão ao episódio narrado no conto *Vestida de preto*.
2   Reles: bem simples.
3   Missa do Galo: missa especial celebrada à meia-noite pelos católicos na véspera do Natal.

quebra-nozes...), empanturrados de castanhas e monotonias, a gente se abraçava e ia pra cama. Foi lembrando isso que arrebentei com uma das minhas "loucuras":

— Bom, no Natal, quero comer peru.

Houve um desses espantos que ninguém não imagina. Logo minha tia soltei-rona e santa, que morava conosco, advertiu que não podíamos convidar ninguém por causa do luto.

— Mas quem falou de convidar ninguém! essa mania... Quando é que a gente já comeu peru em nossa vida! Peru aqui em casa é prato de festa, vem toda essa parentada do diabo...

— Meu filho, não fale assim...

— Pois falo, pronto!

E descarreguei minha gelada indiferença pela nossa parentagem infinita, diz-que vinda de bandeirantes, que bem me importa! Era mesmo o momento pra desenvolver minha teoria de doido, coitado, não perdi a ocasião. Me deu de sopetão uma ternura imensa por mamãe e titia, minhas duas mães, três com minha irmã, as três mães que sempre me divinizaram a vida. Era sempre aquilo: vinha aniversário de alguém e só então faziam peru naquela casa. Peru era prato de festa: uma imundície de parentes[1] já preparados pela tradição, invadiam a casa por causa do peru, das empadinhas e dos doces. Minhas três mães, três dias antes já não sabiam da vida senão trabalhar, trabalhar no preparo de doces e frios finíssimos de bem-feitos, a parentagem devorava tudo e ainda levava embrulhinhos pros que não tinham podido vir. As minhas três mães mal podiam de exaustas. Do peru, só no enterro dos ossos, no dia seguin-te, é que mamãe com titia ainda provavam num naco[2] de perna, vago, escuro, perdido no arroz alvo. E isso mesmo era mamãe quem servia, catava tudo pro velho e pros filhos. Na verdade ninguém sabia de fato o que era peru em nossa casa, peru resto de festa.

Não, não se convidava ninguém, era um peru pra nós, cinco pessoas. E havia de ser com duas farofas, a gorda com os miúdos, e a seca, douradinha, com bas-tante manteiga. Queria o papo recheado só com a farofa gorda, em que havíamos de ajuntar ameixa preta, nozes e um cálice de xerez, como aprendera na casa da Rose, muito minha companheira[3]. Está claro que omiti onde aprendera a receita,

---

1   Imundície de parentes: um monte de parentes.
2   Num naco: um pouco.
3   Trata-se da mesma personagem que aparece no conto *Vestida de preto*. Era a amante de Juca.

mas todos desconfiaram. E ficaram logo naquele ar de incenso assoprado, si[1] não seria tentação do Dianho[2] aproveitar receita tão gostosa. E cerveja bem gelada, eu garantia quase gritando. É certo que com meus "gostos", já bastante afinados fora do lar, pensei primeiro num vinho bom, completamente francês. Mas a ternura por mamãe venceu o doido, mamãe adorava cerveja.

Quando acabei meus projetos, notei bem, todos estavam felicíssimos, num desejo danado de fazer aquela loucura em que eu estourara. Bem que sabiam, era loucura sim, mas todos se faziam imaginar que eu sozinho é que estava desejando muito aquilo e havia jeito fácil de empurrarem pra cima de mim a... culpa de seus desejos enormes. Sorriam se entreolhando, tímidos como pombas desgarradas, até que minha irmã resolveu o consentimento geral:

— É louco mesmo!...

Comprou-se o peru, fez-se o peru, etc. E depois de uma Missa do Galo bem mal rezada, se deu o nosso mais maravilhoso Natal. Fora engraçado: assim que me lembrara de que finalmente ia fazer mamãe comer peru, não fizera outra coisa aqueles dias que pensar nela, sentir ternura por ela, amar minha velhinha adorada. E meus manos também, estavam no mesmo ritmo violento de amor, todos dominados pela felicidade nova que o peru vinha imprimindo na família. De modo que, ainda disfarçando as coisas, deixei muito sossegado que mamãe cortasse todo o peito do peru. Um momento aliás, ela parou, feito fatias um dos lados do peito da ave, não resistindo àquelas leis de economia que sempre a tinham entorpecido numa quase pobreza sem razão.

— Não senhora, corte inteiro! Só eu como tudo isso!

Era mentira. O amor familiar estava por tal forma incandescente em mim, que até era capaz de comer pouco, só pra que os outros quatro comessem demais. E o diapasão[3] dos outros era o mesmo. Aquele peru comido a sós, redescobria em cada um o que a quotidianidade[4] abafara por completo, amor, paixão de mãe, paixão de filhos. Deus me perdoe mas estou pensando em Jesus... Naquela casa de burgueses bem modestos, estava se realizando um milagre digno do Natal de um Deus. O peito do peru ficou inteiramente reduzido a fatias amplas.

— Eu que sirvo!

---

1   **Si (grafia do autor): se.**
2   **Dianho: o mesmo que Diabo.**
3   **Diapasão: aqui tem o sentido de sentimento, isto é, todos estavam tendo o mesmo sentimento naquele momento.**
4   **Quotidianidade: ocupações quotidianas.**

"É louco, mesmo!" pois por que havia de servir, se sempre mamãe servira naquela casa! Entre risos, os grandes pratos cheios foram passados pra mim e principiei uma distribuição heroica, enquanto mandava meu mano servir a cerveja. Tomei conta logo de um pedaço admirável da "casca", cheio de gordura e pus no prato. E depois vastas fatias brancas. A voz severizada[1] de mamãe cortou o espaço angustiado com que todos aspiravam pela sua parte no peru:

— Se lembre de seus manos, Juca!

Quando que ela havia de imaginar, a pobre! que aquele era o prato dela, da Mãe, da minha amiga maltratada, que sabia da Rose, que sabia meus crimes[2], a que eu só lembrava de comunicar o que fazia sofrer! O prato ficou sublime.

— Mamãe, este é o da senhora! Não! não passe não!

Foi quando ela não pôde mais com tanta comoção e principiou chorando. Minha tia também, logo percebendo que o novo prato sublime seria o dela, entrou no refrão das lágrimas. E minha irmã, que jamais viu lágrima sem abrir a torneirinha também, se esparramou no choro. Então principiei dizendo muitos desaforos pra não chorar também, tinha dezenove anos... Diabo de família besta que via peru e chorava! coisas assim. Todos se esforçavam por sorrir, mas agora é que a alegria se tornara impossível. É que o pranto evocara por associação a imagem indesejável de meu pai morto. Meu pai, com sua figura cinzenta, vinha pra sempre estragar nosso Natal, fiquei danado.

Bom, principiou-se a comer em silêncio, lutuosos[3], e o peru estava perfeito. A carne mansa, de um tecido muito tênue boiava fagueira[4] entre os sabores das farofas e do presunto, de vez em quando ferida, inquietada e redesejada, pela intervenção mais violenta da ameixa preta e o estorvo petulante dos pedacinhos de noz. Mas papai sentado ali, gigantesco, incompleto, uma censura, uma chaga, uma incapacidade. E o peru, estava tão gostoso, mamãe por fim sabendo que peru era manjar mesmo digno do Jesusinho nascido.

Principiou uma luta baixa entre o peru e o vulto de papai. Imaginei que gabar o peru era fortalecê-lo na luta, e, está claro, eu tomara decididamente o partido do peru. Mas os defuntos têm meios visguentos[5], muito hipócritas de vencer: nem bem gabei[6] o peru que a imagem de papai cresceu vitoriosa, insuportavelmente obstruidora.

---

1   Severizada: meio severa.
2   Crimes: as "loucuras" que Juca costumava fazer.
3   Lutuosos: num clima de luto (por causa da lembrança do pai morto).
4   Fagueira: agradavelmente, gostosamente.
5   Visguentos: pegajosos, difíceis de sair.
6   Gabei: elogiei.

— Só falta seu pai...

Eu nem comia, nem podia mais gostar daquele peru perfeito, tanto que me interessava aquela luta entre os dois mortos. Cheguei a odiar papai. E nem sei que inspiração genial, de repente me tornou hipócrita e político. Naquele instante que hoje me parece decisivo da nossa família, tomei aparentemente o partido de meu pai. Fingi, triste:

— É mesmo... Mas papai, que queria tanto bem a gente, que morreu de tanto trabalhar pra nós, papai lá no céu há de estar contente... (hesitei, mas resolvi não mencionar mais o peru) contente de ver nós todos reunidos em família.

E todos principiaram muito calmos, falando de papai. A imagem dele foi diminuindo, diminuindo e virou uma estrelinha brilhante do céu. Agora todos comiam o peru com sensualidade, porque papai fora muito bom, sempre se sacrificara tanto por nós, fora um santo que "vocês, meus filhos, nunca poderão pagar o que devem a seu pai", um santo. Papai virara santo, uma contemplação agradável, uma inestorvável[1] estrelinha do céu. Não prejudicava mais ninguém, puro objeto de contemplação suave. O único morto ali era o peru, dominador, completamente vitorioso.

Minha mãe, minha tia, nós, todos alagados de felicidade. Ia escrever "felicidade gustativa", mas não era só isso não. Era uma felicidade maiúscula, um amor de todos, um esquecimento de outros parentescos distraidores do grande amor familiar. E foi, sei que foi aquele primeiro peru comido no recesso da família, o início de um amor novo, reacomodado, mais completo, mais rico e inventivo, mais complacente e cuidadoso de si. Nasceu de então uma felicidade familiar pra nós que, não sou exclusivista, alguns a terão assim grande, porém mais intensa que a nossa me é impossível conceber.

Mamãe comeu tanto peru que um momento imaginei, aquilo podia lhe fazer mal. Mas logo pensei: ah, que faça! mesmo que ela morra, mas pelo menos que uma vez na vida coma peru de verdade!

A tamanha falta de egoísmo me transportara o nosso infinito amor... Depois vieram umas uvas leves e uns doces, que lá na minha terra levam o nome de "bem-casados". Mas nem mesmo este nome perigoso se associou à lembrança de meu pai, que o peru já convertera em dignidade, em coisa certa, em culto puro de contemplação.

---

1   Inestorvável: que não é capaz de estorvar, incomodar.

Levantamos. Eram quase duas horas, todos alegres, bambeados[1] por duas garrafas de cerveja. Todos iam deitar, dormir ou mexer na cama, pouco importa, porque é bom uma insônia feliz. O diabo é que a Rose, católica antes de ser Rose, prometera me esperar com uma champanha. Pra poder sair, menti, falei que ia a uma festa de amigo, beijei mamãe e pisquei pra ela, modo de contar onde é que ia e fazê-la sofrer seu bocado. As outras duas mulheres beijei sem piscar. E agora, Rose!...

(*Contos novos*. 9ª ed. São Paulo: Martins, 1979. p. 95-103.)

1. Por que Juca quis fazer uma comemoração de Natal especial?
2. Como era o relacionamento de Juca com o pai recentemente falecido?
3. Por que, na hora de comer o peru, Juca diz que quanto mais se elogiava o peru, mais a lembrança do pai morto atrapalhava a alegria da família?
4. Que estratégia ele usou para quebrar aquele ambiente lutuoso que se formara à mesa?
5. Por que Juca diz que esse primeiro Natal sem o pai foi "de consequências decisivas para a felicidade familiar"? O que mudou na família depois dessa ceia?

---

1 Bambeados: com as pernas meio bambas.

A SEMANA DE ARTE MODERNA DE 1922

Por volta de 1920 já se percebia claramente um desejo de renovação das artes. No fim de 1921, os contatos entre os artistas de São Paulo e do Rio de Janeiro intensificavam-se. O consagrado escritor Graça Aranha (1868-1931), que pertencia à Academia Brasileira de Letras, resolveu aderir às novas ideias e começou a participar do movimento. A proximidade das comemorações do Centenário da Independência, para as quais todo o país se preparava, reforçou a proposta lançada pelo pintor Di Cavalcanti (1897-1976) de se organizar uma semana de arte moderna, destinada a ser o marco definitivo do Modernismo no Brasil: "Eu sugeri a Paulo Prado a nossa semana, que seria uma semana de escândalos literários e artísticos, de meter os estribos na barriga da burguesiazinha paulistana".

Inicialmente, o objetivo era modesto: montar uma pequena exposição de arte moderna na livraria e editora O Livro, em São Paulo. Nesse local, os modernistas costumavam reunir-se para palestras, declamações e mostras de trabalho.

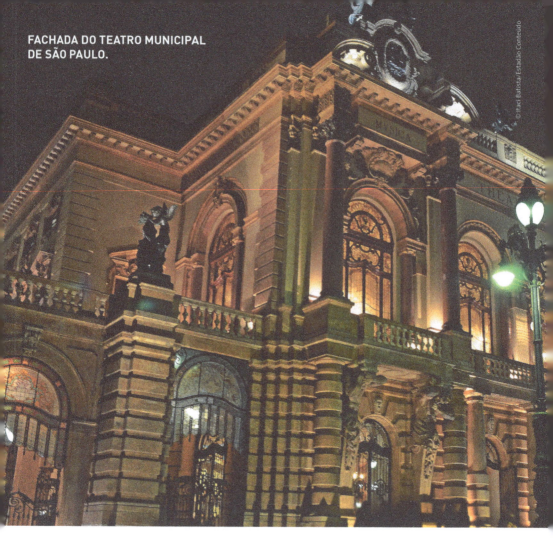

FACHADA DO TEATRO MUNICIPAL DE SÃO PAULO.

Por intermédio de Graça Aranha, Di Cavalcanti conheceu Paulo Prado, um homem culto, muito rico, de formação europeia e bom gosto artístico. Este se animou com a ideia e resolveu ajudar. A adesão de pessoas de destaque da alta sociedade paulistana que resolveram prestigiar o evento aumentou ainda mais o interesse da imprensa em divulgá-lo. Escolheu-se, então, um novo local para a sua realização: o majestoso Teatro Municipal de São Paulo, que tinha sido inaugurado em 1912 e era o reduto artístico da aristocracia da cidade.

Depois de grande publicidade na imprensa, começaram a realizar-se os espetáculos, programados para os dias 13, 15 e 17 de fevereiro de 1922. No saguão do teatro, foi instalada uma exposição de artes plásticas que incluiu trabalhos dos artistas Victor Brecheret, Anita Malfatti, Di Cavalcanti, Vicente Rego Monteiro, entre outros.

CAPA CRIADA POR DI CAVALCANTI PARA O CATÁLOGO DA EXPOSIÇÃO DA SEMANA DE ARTE MODERNA DE SÃO PAULO, EM 1922.

AS NOITES DE ESPETÁCULOS

No dia 13, Graça Aranha abriu a Semana de Arte Moderna com a palestra "Emoção estética na obra de arte", propondo a renovação das artes e das letras. Vários textos modernistas foram declamados em seguida. Depois, apresentou-se uma composição musical de Heitor Villa-Lobos e uma conferência de Ronald de Carvalho sobre a pintura e a escultura modernas no Brasil. O programa se encerrou com a execução de algumas peças musicais.

No dia 15, a programação provocou muita polêmica e agitação. Abriu a noite o escritor Menotti del Picchia, com a palestra "Arte moderna". Suas enfáticas reivindicações de liberdade e renovação provocaram apartes e vaias. Alguns jovens escritores também se apresentaram e declamaram versos modernos, ao que se seguiu uma ruidosa manifestação de desagrado de parte dos espectadores, com gritos, vaias e ofensas. A pianista Guiomar Novaes fechou a primeira parte da programação e sua música acalmou um pouco o ambiente.

> ### Arte Moderna
> ### (Trecho da palestra de Menotti del Picchia)
>
> " (...) Queremos exprimir nossa mais livre espontaneidade dentro da mais espontânea liberdade. Ser, como somos, sinceros, sem artificialismos, sem contorcionismos, sem escolas. [...] Nada de postiço, meloso, artificial, arrevesado, precioso: queremos escrever com sangue — que é humanidade; com eletricidade — que é movimento, expressão dinâmica do século; violência — que é energia bandeirante. (...)"

No intervalo, perante um público espantado com as obras expostas no saguão, Mário de Andrade fez uma rápida palestra sobre arte moderna, na escadaria do teatro. Mas quase não foi ouvido, pois as pessoas começaram a vaiá-lo e a caçoar das obras, o que gerou um grande tumulto.

Oswald de Andrade foi chamado pelo apresentador Menotti del Picchia para ler um trecho do seu romance *Os condenados*, e também foi recebido com vaias. Anos depois ele disse: "Apenas Menotti se sentou e eu me levantei e o Teatro estrugiu numa vaia irracional e infrene. Antes mesmo d'eu pronunciar uma só palavra. Esperei de pé, calmo, sorrindo como pude, que o barulho serenasse. Depois de alguns minutos, isso se deu. Abri a boca então. Ia começar a ler, mas a pateada se elevou, imensa, proibitiva. Nova e calma espera, novo apaziguamento. Então pude recomeçar. Devia ter lido baixo e comovido. O que me interessava era representar o meu papel, acabar depressa, sair se possível. No fim, quando me sentei e me sucedeu Mário de Andrade, a vaia estrondou de novo. Mário, com aquela santidade que às vezes o marcava, gritou: 'Assim não recito mais'. Houve grossas risadas".

Menotti tentou então controlar a situação: "Foi minha vez de tentar serenar o tumulto. Agora ninguém me obedecia. A sessão, porém, não podia parar. Então chamei Mário de Andrade. À vista de Mário — do grande Mário — a plateia pareceu ficar alucinada. (...) Não havia ceder. Compreendi a angústia do mártir — pois Mário tornou-se o Tiradentes da nossa Inconfidência — e vendo que ele recuava ao impacto estertório da plateia, segurei-o pelo paletó e disse: Mário! Que é isso? O grande artista — glória da geração — reagiu já sereno e heroico. Voltou-se para a plateia, fronte larga como uma praça coruscante de sol rebrilhando à luz dos refletores, mão nervosa premendo o original amassado, voz que procurava tornar dominadora e declamar: 'São Paulo! comoção de minha vida...'. Declamou até o fim seu canto arlequinal, pórtico desse desafio genial do Verbo Novo que é *Pauliceia desvairada*".

Segundo o depoimento de pessoas que estavam presentes nesse dia, parecia que, na plateia, havia um grupo já predisposto a vaiar o que quer que fosse apresentado pelos novos escritores. Há quem sugira até que alguns dos próprios organizadores da Semana teriam combinado isso com o público, visando causar polêmica e chamar a atenção sobre o evento. O fato é que a segunda noite foi a mais agitada de todas.

CARTAZ DA SEMANA DE ARTE MODERNA COM O PROGRAMA DO DIA 15.

A Semana se encerrou no dia 17 com o espetáculo de Villa-Lobos, que causou um novo alvoroço: a plateia achou que fosse uma provocação "futurista" o compositor e maestro apresentar-se de casaca e com um dos pés enfaixado. Mas o motivo dessa estranha combinação era muito simples: Villa-Lobos estava realmente com um problema no pé e não conseguia calçar sapato...

A Semana de Arte Moderna de 1922 representou apenas um dos momentos da história do Modernismo, que, na verdade, já se iniciara antes dela e prosseguiria depois em várias direções, consolidando-se como o movimento cultural mais fecundo de nossa história. Teve uma repercussão basicamente local e não foi, evidentemente, responsável pelas mudanças de rumo da nossa literatura. O próprio Mário de Andrade, anos mais tarde, declarou: "Com ou sem ela [a Semana de Arte Moderna], minha vida intelectual seria o que tem sido".

Além disso, deve-se destacar que grupos de jovens artistas em prol de uma renovação cultural no nosso país também já atuavam fora de São Paulo. E um movimento tão amplo não poderia ter, como realmente não teve, um "programa" rígido de ideias, uma "cartilha" a ser fielmente seguida pelos participantes, como afirmou, mais tarde, em 1942, Mário de Andrade: "(...) Já um autor escreveu, como conclusão condenatória, que a 'estética do Modernismo ficou indefinível'... Pois essa é a melhor razão de ser do Modernismo! Ele não era uma estética, nem na Europa nem aqui. Era um estado de espírito revoltado e revolucionário que, se a nós nos atualizou, sistematizando como constância da inteligência nacional o direito antiacadêmico da pesquisa estética e preparou o estado revolucionário das outras manifestações sociais do país, também fez isto mesmo no resto do mundo, profetizando estas guerras de que uma civilização nova nascerá (...)".

GRUPO DE ESCRITORES MODERNISTAS.

DESEJO DE ATUALIZAÇÃO

As figuras que se destacaram nos anos polêmicos que antecederam a realização da Semana de 22, como Oswald de Andrade, Menotti del Picchia e Mário de Andrade, divergiam quanto às características da renovação pretendida, conforme provam suas obras e a evolução posterior de cada um. O mesmo ocorreu em outras artes, como pintura, escultura e música. O que animou os jovens a unir-se em certo momento foi a consciência da necessidade de lutar contra obstáculos comuns: o espírito conservador e passadista, o obscurantismo e o provincianismo cultural imperantes na época.

O desejo de atualizar a nossa arte, de colocá-la em dia com o que se estava fazendo na Europa, sobretudo na França, foi o que congregou os jovens modernistas e deu ao movimento matizes internacionais, recebendo, por parte dos mais conservadores, a crítica de "moda" importada.

Pela primeira vez, em nossa história cultural, houve uma sintonia imediata com os centros de vanguarda e isso incomodou os "donos" da arte brasileira. O escritor Antônio de Alcântara Machado se manifestou sobre isso: "(...) Se em vez de aparecerem simultaneamente como duas forças que se adivinhassem o movimento brasileiro, aqui despontasse muito mais tarde, como eco remoto do europeu, então sim, a ingenuidade indígena o aplaudiria e aceitaria sem discussão. Seria mais uma moda importada com atraso. Francamente adaptável, portanto. Mas tal como rebentou, não. Os bocós estranharam. Sentiram-se mal. Davam-se tão bem com as velharias. Era tudo tão cômodo e tão fácil. Nem precisava pensar mais. A coisa já saía sem esforço. O realejo era herança de família e estava à disposição de qualquer um. Bastava estender a mão e virar a manivela. Pronto (...)".

A presença do estrangeiro no movimento modernista foi visível e não há por que negá-la, mas se distinguiu das outras influências que ocorreram no Brasil, principalmente por ter provocado um processo de atualização que despertou o interesse pela pesquisa de uma "linguagem artística brasileira" adequada aos tempos modernos, tanto na literatura como nas outras artes. Esse esforço de renovação foi simultâneo à busca de nossas raízes culturais, gerando, anos depois, uma preocupação nacionalista que se firmou como um dos objetivos da nova geração, chegando mesmo a ultrapassar os limites da arte para desdobrar-se na ação política.

Por volta de 1930, encerrou-se o período considerado "combativo" do Modernismo. A literatura voltou-se para os grandes problemas sociais e políticos do país. Discutia-se o papel do escritor e do intelectual em geral em face da sociedade; os estudos sociológicos e a crítica literária passaram por uma renovação. Uma nova geração de escritores surgiu, consolidando e abrindo outros caminhos no processo de modernização da nossa literatura.

Mas por que a agitação modernista teria começado em São Paulo? O próprio Oswald de Andrade assim resumiu essa questão: "Se procurarmos a explicação do porquê o fenômeno modernista se processou em São Paulo e não em qualquer outra parte do Brasil, veremos que ele foi uma consequência da nossa mentalidade industrial. São Paulo era de há muito batido por todos os ventos da cultura. Não só a economia cafeeira promovia os recursos, mas a indústria, com sua ansiedade do novo, a sua estimulação do progresso, fazia com que a competição invadisse todos os campos de atividade".

CRÔNICAS

> **E aquela multidão assim, não era nem alegre nem triste, era trágica. Tinha perdido por completo o ar festivo das multidões. O ritmo era um só, binário, batido, ritmo de marcha, ritmo implacável de exigência que há de conseguir de qualquer jeito o que quer.**

RITMO DE MARCHA

Do meu ônibus desembarquei na praça do Patriarca[1].

Faltavam ainda uns quinze minutos e sem pressa entrei pela rua Direita, em busca do largo da Sé onde se realizava o comício. Mas nem bem entrei na rua a visão me surpreendeu, me agarrou, me convulsionou[2] todo. E num átimo[3] a carícia do meu bem-estar mudou-se num sentimento áspero de energia e de vontade.

Não era mais aquela multidão adoçada com os pirulitos das moças, que eu viera apreciando no ônibus, nem a largueza clara da praça onde tantas ruas desembocam lançando golfadas de pedestres irregularmente movidos. Embora muita dessa gente naquele instante demandassem[4] o lugar do comício, ainda estava desritmada na amplidão da praça.

Mas entrando na rua estreita o espetáculo era outro, tudo se organizava num ritmo voluntarioso de marcha, formidável de caráter. Não se via uma cara só. O que se via era aquele ruminante ondular de ombros, e os passos batebatendo[5]

---

1 Praça do Patriarca: praça no centro de São Paulo, assim como a rua Direita e o largo da Sé, citados mais adiante.
2 Convulsionou: agitou por dentro.
3 Átimo: instante.
4 Demandassem: estavam se dirigindo (para o local do comício). Observe que, embora o sujeito esteja no singular (gente), o autor usa o verbo no plural, enfatizando a ideia de que se tratava de muitas pessoas.
5 Batebatendo: forma criada pelo autor para reforçar a ideia de ritmo dos passos da multidão.

plãoque-plãoque no pavimento da rua, plãoque-plãoque, plãoque-plãoque. Um raro homem que vinha em sentido contrário estava miserável, com vergonha, quem sabe, uma doença em casa, algum outro dever imprescindível. Mas vinha mísero[1], de olhos no chão, num individualismo bêbado, sem nexo, nem sabendo andar. (...) E que se esgueirasse[2], porque os ombros plãoque-plãoque não davam passagem, quadrados, decisão, inabaláveis, sem delicadeza, plãoque.

O comércio fugira assustado, fechando as casas, não havia vitrinas. Nem joalherias com suas joias, nem banhistas e cenas de baile nas casas de modas, as casas de música sem suas vitrolas, nem confeitarias de amor, namoros, chope, nada. Casas mortas na rua estreita, desabitadas de convites e feitiços, como a própria decisão. O luxo, o prazer, o quotidiano desaparecera da rua. A própria gente marchando se unificara numa quase inconcebível consciência bruta de coletividade: o ombro operário, o do estudante, o do burguês e o desse ilustre segurando o netinho de dez anos pela mão, plão. Militares, nenhum, aquartelados. Só os polícias mercenários, de longe em longe, feito belas-adormecidas.

Livre de todas as quotidianidades[3] da vida civil, aquela multidão ia a um comício. Ia contar seu desejo, ia exigir um bem comum. Ia berrar pela sua única verdade do momento, que os chefes não estavam querendo lhe dar. E aquela multidão assim, não era nem alegre nem triste, era trágica. Tinha perdido por completo o ar festivo das multidões. O ritmo era um só, binário, batido, ritmo de marcha, ritmo implacável de exigência que há de conseguir de qualquer jeito o que quer. E porque ansiosos por saber o que ia se passar no comício, todos estavam calados, todos guardados em si mesmos, decididos, num ritmo marcado de marcha, batendo com os pés no chão.

(1932)
(Mário de Andrade. *Os filhos da Candinha*.
São Paulo: Martins, 1963. p. 273-275.)

---

1   Mísero: infeliz.
2   Esgueirasse: desviasse.
3   Quotidianidades: atividades cotidianas das pessoas comuns.

1. Entre os meses de julho e outubro de 1932, o estado de São Paulo foi cercado, atacado e vencido pelas forças do governo provisório do presidente Getúlio Vargas, que assumira o poder de forma ditatorial em 1930. Os paulistas rebelaram-se e exigiram uma nova constituição para o Brasil. Por isso, a Revolução de 1932 é também conhecida como Revolução Constitucionalista. Essa crônica reflete o ambiente tenso daqueles dias, em que comícios e protestos agitavam a capital paulista. O que sugere ao cronista o ritmo de marcha que marca a caminhada da multidão?

2. Quais são as mudanças que o cronista percebe no ambiente da cidade?

3. Por que aquelas pessoas que marchavam não tinham o costumeiro ar festivo das multidões?

> **O Rio é uma cidade verdadeiramente catastrófica. Em certas horas de volta pra casa ou de ida para o trabalho, é quase impossível um pedestre atravessar as avenidas de beira-mar.**

PROBLEMAS DE TRÂNSITO

Não é possível silenciar o acontecimento grave que foi para este levíssimo Rio, a Semana do Trânsito, instituída para ensinar aos cariocas a ciência de andar bem direitinho. Numa bela segunda-feira de maio, o centro apareceu cheio de inovações suspeitas. Altifalantes[1] bocejavam pelas esquinas, fechavam cada canto de calçada rijas cordas d'aço intransponíveis, e no meio das mais labirínticas encruzilhadas discursavam uns púlpitos cobertos por um casco arredondado (...). Pouco depois toda essa aparelhagem agia, e a população, acossada por milhares de policiais palpitantes, começou a saber como se andava bem direitinho.

Era preciso mesmo. O Rio é uma cidade verdadeiramente catastrófica. Em certas horas de volta pra casa ou de ida para o trabalho, é quase impossível um pedestre atravessar as avenidas de beira-mar. Isso, os automóveis vêm feito uma pororoca de epopeia[2], com violência impassível, de uma segurança portuguesa. Em certas ruas inda centrais e internas, como a do Catete, o movimento é tão vivaz, a impiedade dos bondes é tão portuguesa, o barulho, oh, principalmente o barulho é tão futebolístico, que em três meses qualquer ser que se utilize um pouco da cabeça, fica tomado das mais estupefacientes fobias[3].

---

1   Altifalantes: o mesmo que alto-falantes.
2   Vêm feito uma pororoca de epopeia: vêm fazendo um enorme barulho, como se fosse a pororoca, um fenômeno que ocorre próximo à foz de rios volumosos, como o Amazonas, e que consiste na formação de grandes ondas, que se deslocam com muito estrondo, destruindo tudo o que encontram no caminho.
3   Estupefacientes fobias: espantosos pavores.

Manaus também me deu sensações catastróficas, com seu processo londrino dos veículos tomarem a esquerda em vez da direita, como me acostumaram estas cidades do sul. E como eu andava em automóveis oficiais, naturalmente indisciplinados e velocíssimos, não podendo berrar de susto por causa da boa educação, ah meu Deus! dei mais suspiros que em toda a minha adolescência, que passei todinha suspirando à toa. Mas no Amazonas, rapazes, pelo contrário, o trânsito das gaiolas[1] é tão acomodatício, que a gente querendo, pra variar, deixa o vapor partir, e vai por terra pegar ele[2] em de mais longe. Caso lindo foi aquele da cidadinha pernambucana que atravessei, pelo sol do meio-dia. O prefeito mui viajado tinha descoberto os problemas da circulação e na larga rua sem ninguém nem nada, havia um policial de trânsito com o seu simbólico bastão. Estávamos ainda a uns cem metros, que ele, lentíssimo, com um largo gesto episcopal[3], tirava o bastão da cinta e nos avisava que a rua completamente vazia estava completamente vazia mesmo e podíamos passar. Passamos na volada[4]. Mas percebi muito bem o sorriso do guarda. Tinha... sei que não exagero, tinha uma expressão de desamparada gratidão. Éramos nós, por certo, aquele dia, os que primeiro lhe dávamos a esmola espiritual do "funciono, logo existo". E por isso o riso do guarda nos cantava:
— Obrigado, meus manos, obrigado!

O carioca já vai procurando, com a sua galhofa bem-humorada, reagir contra os transtornos psíquicos que está lhe causando esta boa educação transitória (de "trânsito"). Também os cantos fechados das esquinas já têm o nome de "corredor polonês". Mas a verdade é que os cariocas estão desanimadamente aflitos, limitados assim no seu individualismo liberdoso[5]. Os guardas se esfalfam, gritando contra os desobedientes. É uma delícia compendiar[6] os gritos deles: "Esse moço aí de branco! Não! o outro, de cara meio triste, tome a sua direita!" "Olha a mocinha de blusa marrom, espere empinada na calçada!" Uns verdadeiros santos!

---

1   Gaiolas: barcos a vapor para transporte de passageiros.
2   Pegar ele: é frequente em Mário de Andrade o uso de construções típicas da linguagem coloquial, como essa, em que a norma culta recomendaria usar *pegá-lo*.
3   Gesto episcopal: gesto largo de abrir os braços.
4   Passamos na volada: passamos em velocidade.
5   Liberdoso: livre, com liberdade.
6   Compendiar: citar, reproduzir.

O mais engraçado é que os altifalantes são meramente teóricos, prelecionando[1] sem atentar ao que se passa na rua. Lá num estúdio do Paraíso, um funcionário em estilo radiofônico intensivo, soletra[2] normas teóricas de transitar, se imagine! Abriram o sinal verde, e o grupo "empinado" na calçada principia atravessando a rua. Mas o altifalante grita: "Olha o sinal encarnado! Mais atenção! Não passe agora!" O grupo estaca aturdido[3]. O guarda grita "Passem, gente!" O altifalante: "Olha aquela criança que vai ficar debaixo do automóvel!" Todos olham horrorizados, não há criança! os automóveis estão paradíssimos! "Abriu o sinal branco! Pronto! Atenção! Abriu o sinal verde! passem depressa!" Mas na verdade o sinal que se abriu foi o encarnado, o grupo quer passar, o guarda se esbofa "Não passe!" Os autos avançam irritados com a espera, xingando. O pessoal fogem[4] em confusão.

E o rapaz da bicicleta? Vinha pedalando com desenvoltura, perdera um tempão com o passa não passa das esquinas, o patrão devia estar já com uma daquelas raivas portuguesas, na mercearia. O asfalto da esquina estava livre e o empregadinho atirou a bicicleta na travessia. Um apito violentíssimo parou nossa respiração. O rapaz olhou pra trás, era o guarda danado. "Não viu o sinal!" O rapaz voltou. "Não volte, ferida! é contramão!" Aí o portuguesinho desanimou. Fez um ar de desgraça tamanha, sacudiu a cabeça desolado, e com uma praga que não se repete, desapeou[5], pôs a bicicleta no ombro, subiu na calçada e lá se foi com os mais fáceis pedestres, talvez pedestre para todo o sempre.

A negrinha chegou na beira da calçada, justo quando o guarda preparava o gesto largo para dar passagem aos autos. Os últimos atravessadores já estavam pelo meio da rua, e o guarda fez sinal à rapariga que esperasse a próxima vez. Ela esperou paciente. Depois que as máquinas passaram, o guarda mudou a direção do gesto, a negrinha podia passar. Mas sucedeu que ninguém mais aparecera pra passar daquela vez, só havia a negrinha. A avenida Rio Branco suntuosa, com seus salientes monumentos, Teatro Municipal, Biblioteca Nacional, Escola de Belas--Artes esperavam na manhã branca que a negrinha passasse, esperavam. "Passa,

---

1   Prelecionando: ensinando.
2   Soletra: lê de modo didático, pausado.
3   Estaca aturdido: para de repente, desnorteado.
4   O pessoal fogem: observe que o autor pôs o verbo no plural concordando com a ideia de plural que o substantivo "pessoal" sugere.
5   Desapeou: desceu (da bicicleta).

menina!" que o guarda fez impaciente. Ela olhou de um lado, do outro, pôs a mão na cara, tapando o riso:

— Ah! sozinha não! tenho vergonha!

(1939)
(Mário de Andrade. *Os filhos da Candinha*.
São Paulo: Martins, 1963. p. 199-203.)

1. Quais características estão presentes nesse texto que nos permitem classificá-lo como crônica?

2. Essa crônica é de 1939, quando o trânsito nas cidades grandes aumentava e começava a exigir respeito e educação, tanto de motoristas como de pedestres. Hoje em dia, tantos anos depois, podemos dizer que essa situação melhorou? Por quê?

GRUPOS E REVISTAS MODERNISTAS

CAPA DO PRIMEIRO NÚMERO DA *KLAXON* (PALAVRA QUE SIGNIFICA "BUZINA"). ESSA REVISTA CIRCULOU DE MAIO DE 1922 A JANEIRO DE 1923 E FOI O VEÍCULO INICIAL DE DIVULGAÇÃO DAS IDEIAS MODERNISTAS.

A repercussão das ideias modernistas de São Paulo e Rio de Janeiro contribuiu para animar os grupos de vanguarda que começavam a surgir em vários pontos do país, emprestando novos matizes ao processo de renovação artística. Esses grupos tiveram duração efêmera, mas são um sinal da inquietação cultural que marcou a época.

Geralmente, esses modernistas lançavam revistas de arte e cultura que serviam de porta-vozes de suas ideias. As principais são:
- *Klaxon* (1922, São Paulo);
- *Estética* (1924, Rio de Janeiro);
- *A Revista* (1925, Minas Gerais);
- *Madrugada* (1925, Rio Grande do Sul);
- *Terra Roxa e outras terras* (1926, São Paulo);
- *Festa* (1928, Rio de Janeiro).

MOVIMENTO PAU-BRASIL

Lançado em 1924 por Oswald de Andrade, esse movimento apresentou uma posição primitivista, buscando uma poesia ingênua, de redescoberta do mundo e do Brasil. Exaltou o progresso e a era presente, ao mesmo tempo que combateu a linguagem retórica e vazia: "Contra o gabinetismo, a prática culta da vida. [...] A língua sem arcaísmos, sem erudição. Natural e neológica. A contribuição milionária de todos os erros. Como falamos. Como somos" (*Manifesto Pau-Brasil*). Desse movimento participaram também a pintora Tarsila do Amaral e o intelectual Paulo Prado.

CAPA DO PRIMEIRO LIVRO DE POEMAS DE OSWALD DE ANDRADE, ILUSTRADA POR TARSILA DO AMARAL (1925).

OSWALD DE ANDRADE, TARSILA DO AMARAL E SUA FILHA DULCE, EM 1927.

MOVIMENTO VERDE-AMARELO E GRUPO DA ANTA

O Movimento Verde-Amarelo, como indica o nome, foi uma organização nacionalista, liderada por Cassiano Ricardo, Menotti del Picchia, Plínio Salgado e outros. Escolheu como símbolo a anta, animal que tinha uma função mítica na cultura tupi: "Proclamando nós a procedência do índio, como ele o fez dizendo-se filho da Anta, romperemos com todos os compromissos que nos têm prendido indefinidamente aos preconceitos europeus". Esse movimento converteu-se, em 1926, no chamado Grupo da Anta, que seguiu uma linha de orientação política nitidamente de direita, da qual sairia, na década de 1930, o integralismo de Plínio Salgado.

MOVIMENTO ANTROPOFÁGICO: "TUPI OR NOT TUPI"

Lançado com a publicação da *Revista de Antropofagia*, criada por Oswald de Andrade, Antônio de Alcântara Machado, Tarsila do Amaral e outros, esse movimento foi um desdobramento do primitivista Pau-Brasil e uma reação ao nacionalismo ufanista do grupo Verde-Amarelo. Tinha esse nome porque propunha a "devoração" dos valores europeus, uma assimilação crítica da cultura estrangeira, sem perda da identidade nacional.

A tela *Abaporu*, da pintora Tarsila do Amaral — que, na época, era casada com Oswald de Andrade —, acabou tornando-se uma espécie de símbolo do movimento antropofágico: "Eu quis fazer um quadro que assustasse o Oswald, uma coisa que ele não esperava. Aí é que vamos chegar no *Abaporu*. [...] Oswald disse: 'Isso é como se fosse selvagem, uma coisa do mato'. Eu quis dar um nome selvagem também ao quadro e dei *Abaporu*, palavra que encontrei no dicionário de Montoya[1], da língua dos índios. Quer dizer 'antropófago'", disse Tarsila sobre a obra.

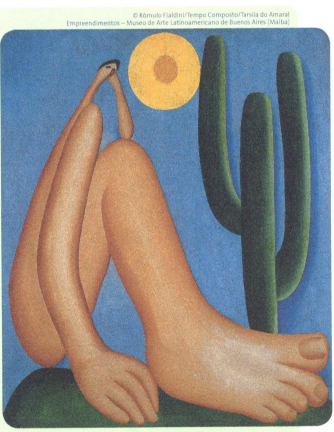

ABAPORU, DE TARSILA DO AMARAL (1928).

[1] O jesuíta Antonio Ruiz de Montoya (1585-1652) ficou conhecido por seu trabalho missionário em territórios da América do Sul e pela publicação de um dicionário da língua guarani antiga em 1640.

AMAR, VERBO INTRANSITIVO

Publicado em 1927, o romance, chamado de *idílio* pelo autor, destaca-se tanto pelo tema quanto pela técnica narrativa. Idílio, na antiguidade, designava um poema lírico-amoroso de tema campestre. Posteriormente, passou a caracterizar uma história sentimental e amorosa. Mas neste romance se trata, na verdade, de uma lição sobre o amor, com suas dores e decepções.

Sousa Costa, um rico industrial e fazendeiro paulistano, morador da avenida Higienópolis, uma das regiões mais elegantes e caras de São Paulo, contrata Elza, uma professora alemã de 35 anos, para ensinar alemão a seus filhos. Mas de fato ele a contrata para um trabalho especial: quer que ela inicie sexualmente seu filho adolescente, Carlos, para evitar assim que o garoto se "suje" com prostitutas e seja também explorado por elas.

Elza, que ao longo da história é chamada de Fräulein, que em alemão significa "senhorita", já fez esse tipo de iniciação outras vezes e é uma mulher experiente. Ela veio para o Brasil em busca de uma vida melhor. Mas sonha em economizar o dinheiro que ganha para um dia, quem sabe, poder regressar e formar uma família na Alemanha. Ela não vê nenhuma indecência nesse trabalho, ao contrário, acredita que os jovens devem ser educados e treinados em tudo na vida — e por que não no amor? Ela é uma profissional, precisa trabalhar e ganhar a vida, logo, não há nada demais nessa tarefa. Dispõe-se então a ensinar Carlos tanto a delicadeza do relacionamento sexual como a necessidade de autodomínio, para evitar que haja um envolvimento maior entre eles. Além disso, é preciso fazer uma educação sentimental completa, incluindo as dores do ciúme e o jogo da sedução. Quer que ele aprenda o que é amar, mas deve evitar que ele se apegue demais a ela. E é claro que ela também não pode se envolver sentimentalmente. Mas nem sempre as situações ficam sob controle, sempre há riscos a correr.

Fräulein começa seu trabalho como se fosse apenas uma professora de alemão para Carlos e suas irmãs. Como o rapaz frequenta as aulas em horário diferente do das irmãs, é nesse momento que Fräulein o atrai e seduz. Sousa Costa não tinha contado nada à sua esposa e esta, quando percebe que Carlos está se envolvendo com Fräulein, fica preocupada e pede que ela vá embora. Fräulein, magoada com a insinuação de que ela seja uma mulher interesseira e oportunista, recrimina Sousa Costa por não ter revelado a verdade para a esposa. Nessa conversa, ela esclarece sua função naquela casa, dizendo que veio ensinar o amor como deve ser, "o amor sincero, elevado, cheio de senso prático, sem loucuras". Não se trata de uma mera iniciação sexual. Os três conversam e, no fim, Fräulein permanece na casa e as aulas recomeçam.

Finalmente, ocorre o primeiro beijo entre eles. Mas aos poucos ele se apaixona por ela e isso não pode acontecer. É preciso ensinar-lhe uma outra lição: o abandono, a ruptura. Fräulein se prepara, portanto, para deixar a casa e para isso ela e Sousa Costa simulam uma situação constrangedora para o rapaz. Fräulein e Carlos estão conversando no quarto dela quando Sousa Costa entra e os surpreende. Fingindo estar moralmente muito perturbado com essa situação, o pai leva o filho para o quarto e o faz acreditar que Fräulein estava se aproveitando dele e que pode ser uma mulher perigosa, quem sabe até poderia ter um filho dele. Carlos entra em crise, confuso com os sentimentos novos que o agitam — amor, ciúme, medo, desconfiança.

Mas Fräulein deve ir embora para sempre. E se Carlos sofre ao vê-la partir, ela também sente muito por ter que deixá-lo. Mas essa é sua função: despertar o amor, mas não amar, não ter um objeto de amor. Daí o título do romance.

Se o romance surpreendia por sua temática humana e social, a técnica narrativa também causava estranhamento. Temos um narrador que intervém a todo instante para conversar com o leitor, comentar as ações dos personagens e refletir sobre a própria história que está contando. Além disso, esse narrador usa uma linguagem que se aproxima da fala cotidiana, deixando de lado inclusive algumas convenções gramaticais, alterando a grafia de certas palavras e começando uma frase com o pronome oblíquo, por exemplo. Numa época em que se prezava muito essa questão de obediência às regras gramaticais, isso constituía uma provocação.

Trata-se, portanto, de um romance moderno, ágil, de temática social e psicológica, e ao mesmo tempo inovador na linguagem e na própria estrutura, pois é composto de blocos narrativos como cenas de cinema. E isso, em 1927, era realmente um passo à frente no projeto modernista de criar uma literatura adequada aos novos tempos.

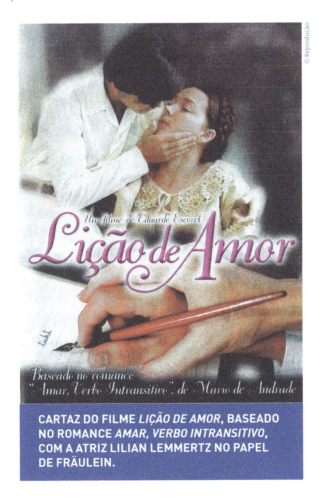

CARTAZ DO FILME *LIÇÃO DE AMOR*, BASEADO NO ROMANCE *AMAR, VERBO INTRANSITIVO*, COM A ATRIZ LILIAN LEMMERTZ NO PAPEL DE FRÄULEIN.

Texto 1[1]

[Uma professora diferente]

A porta do quarto se abriu e eles saíram no corredor. Calçando as luvas Sousa Costa largou por despedida:

— Está frio.

Ela muito correta e simples:

— Estes fins de inverno são perigosos em São Paulo.

Lembrando mais uma coisa reteve a mão de adeus que o outro lhe estendia.

— E, senhor... sua esposa? Está avisada?

— Não! A senhorita compreende... ela é mãe. Esta nossa educação brasileira... além do mais com três meninas em casa!...

— Peço-lhe que avise sua esposa, senhor. Não posso compreender tantos mistérios. Se é para bem do rapaz.

— Mas senhorita...

— Desculpe insistir. É preciso avisá-la. Não me agradaria ser tomada por aventureira, sou séria. E tenho 35 anos, senhor. Certamente não irei se sua esposa não souber o que vou fazer lá. Tenho a profissão que uma fraqueza me permitiu exercer, nada mais nada menos. É uma profissão.

---

1 Os textos selecionados foram extraídos do livro *Amar, verbo intransitivo: idílio*. 3ª ed. São Paulo: Martins; Brasília: INL, 1972. Os títulos entre colchetes não fazem parte da obra original.

Falava com a voz mais natural desse mundo, mesmo com certo orgulho que Sousa Costa percebeu sem compreender. Olhou pra ela admirado e, jurando não falar nada à mulher, prometeu. (...)

Terça-feira o táxi parou no portão da Vila Laura. Elza apeou ajeitando o casaco, toda de pardo, enquanto o motorista botava as duas malas, as caixas e embrulhos no chão.

Era esperada. Já carregavam as malas pra dentro. Uns olhos de 12 anos em que uma gaforinha[1] americana enroscava a galharia negro-azul apareceu na porta. E no silêncio pomposo do casão o xilofone tiniu[2]:

— A governanta está aí! Mamãe! A governanta está aí!

— Já sei, menina! Não grite assim!

Elza discutia o preço da corrida.

— ... e com tantas malas, a senhora...

— É muito. Aqui estão cinco. Passe bem. Ah, a gorjeta...

Deitou quinhentos réis na mão do motorista. Atravessou as roseiras festivas do jardim.

Dia primeiro ou dois de setembro, não lembro mais. Porém é fácil de saber por causa da terça-feira. (...)

A moça, depois das cortesias trocadas com a senhora Sousa Costa e um naco[3] de conversa indiferente, subira apenas pra tirar o chapéu. Logo o criado viria chamá-la pro almoço... Acalmava depois aquilo, agora tinha de se arranjar. Alisou os cabelos, deu à gola da blusa, às pregas do casaco uma rijeza militar. Nenhuma faceirice[4] por enquanto. No princípio tinha de ser simples. Simples e insexual[5]. O amor nasce das excelências interiores. Espirituais, pensava. O desejo depois.

Quando pronta, esperou imaginando, encostada no lavatório. Ganhava mais oito contos... Se o estado da Alemanha melhorasse, mais um ou dois serviços e podia partir. E a casinha sossegada... Rendimento certo, casava... O vulto ideal, esculpido com o pensamento de anos, atravessou devagarinho a memória dela. Comprido magro... Apenas curvado pelo prolongamento dos estudos... Científicos. Muito alvo, quase transparente... E a mancha irregular do sangue nas maçãs[6]... Óculos sem aro...

---

1   **Gaforinha: cabelo solto e desarrumado.**

2   **O xilofone tiniu: a campainha soou.**

3   **Um naco: um pouco.**

4   **Nenhuma faceirice: nada de atraente que pudesse chamar a atenção.**

5   **Insexual: sem nenhum apelo sexual.**

6   **Maçãs: maçãs do rosto.**

Se impacientou. Quis pensar prático, e o almoço? Por que o criado não chegava? A senhora Sousa Costa avisara que o almoço era já. Devia de ser já. No entanto esperava fazia bem uns quinze minutos, que irregularidade. Olhou o relógio-pulseira. Marcava aluado[1] como sempre, ponhamos seis horas. Ou dezoito, à escolha. Havia de acertá-lo outra vez quando chegasse embaixo no "hall". Dez vezes, cem vezes. Inútil mandá-lo mais ao relojoeiro, mal sem cura. Em todo o caso sempre era relógio. Porém não teriam hora certa de almoçar naquela casa? Olhou pro céu. Ficou assim.

(Op. cit. p. 7-10)

1. Que aspecto da personalidade de Sousa Costa se revela nessa primeira cena do romance?
2. Como Fräulein encara o trabalho que vai fazer na casa de Sousa Costa?
3. O que ficamos sabendo de Fräulein no penúltimo parágrafo do texto?
4. Que característica da personalidade de Fräulein se revela no último parágrafo, marcando bem a diferença entre ela, uma alemã, e os brasileiros em geral?

Texto 2

[Um casal burguês]

Sousa Costa usava bigodes onde a brilhantina indiscreta suava negrores nítidos. Aliás todo ele era um cuité[2] de brilhantinas simbólicas, uma graxa mônada[3] sensitiva e cuidadoso de sua pessoa. Não esquecia nunca o cheiro no lenço. Vinha de portugueses. Perfeitamente. E de Camões[4] herdara ser femeeiro[5] irredutível[6].

Em tempos de calorão surgiam nos cabelos negros de dona Laura umas ondulações suspeitas. Usava penteadores e vestidos de seda muito largos. Apenas um gesto e aqueles panos e rendas e vidrilhos despencavam pra uma banda afligindo a gente. Meia malacabada. Era maior que o marido, era. Lhe permitira

---

1 Aluado: louco (o relógio nunca marcava a hora certa).
2 Cuité: cuia.
3 Uma graxa mônada: um tipo de ser gorduroso, sempre empastado de brilhantinas. Observe a alusão à personalidade de Sousa Costa por meio da descrição de sua aparência.
4 Camões (1525-1580): famoso poeta português.
5 Femeeiro: mulherengo.
6 Irredutível: inveterado, incapaz de mudar seu comportamento.

aumentar as fábricas de tecidos no Brás[1] e se dedicar por desfastio[2] à criação do gado caracu[3].

Nas noites espaçadas em que Sousa Costa se aproximava da mulher, ele tomava sempre o cuidado de não mostrar jeitos e sabenças[4] adquiridos lá em baixo no vale. No vale do Anhangabaú[5]? É. Dona Laura comprazia[6] com prazer o marido. Com prazer? Cansada. Entre ambos se firmara tacitamente e bem cedo uma convenção honesta: nunca jamais ele trouxera do vale um fio louro no paletó nem aromas que já não fossem pessoais. Ou então aromas cívicos. Dona Laura por sua vez fingia ignorar as navegações do Pedro Álvares Cabral. Convenção honesta se quiserem... Não seria talvez a precisão interior de sossego?... Parece que sim. Afirmo que não. Ah! Ninguém o saberá jamais[7]!...

E quem diria que Sousa Costa não era bom marido? Era sim. Fora tão nu de preconceitos até casar sem pôr reparo nas ondas suspeitas dos cabelos da noiva. E bem me lembro que ficaram noivos em tempo de calorão... Dona Laura retribuía a confiança do marido, esquecendo por sua vez que bigodes abastosos[8] e brilhantinados são suspeitos também. Sentia agora eles trepadeirando pelo braço gelatinoso dela e, meia dormindo, se ajeitando:

— Vendeu o touro?
— Resolvi não vender. É muito bom reprodutor.
Dormiam.

(Op. cit. p. 17-18)

1. Nesse trecho, o que se revela sobre o comportamento moral de Sousa Costa?
2. E o que fica insinuado sobre a mulher?
3. Podemos dizer que o casal apresenta uma moral "de fachada"? Por quê?

---

1 Brás: bairro operário de São Paulo.
2 Por desfastio: para se distrair.
3 Caracu: certo tipo de raça bovina.
4 Sabenças: conhecimentos.
5 Vale do Anhangabaú: naquela época, essa região localizada no centro da cidade de São Paulo era um conhecido ponto de prostituição.
6 Comprazia: satisfazia.
7 Observe o tom de conversa que o narrador estabelece com o leitor sobre as hipóteses que explicariam as razões do comportamento da mulher.
8 Abastosos: fartos, cheios.

Texto 3

[Aparência e sedução]

Não vejo razão pra me chamarem vaidoso se imagino que o meu livro tem neste momento cinquenta leitores. Comigo 51. Ninguém duvide: esse um que lê com mais compreensão e entusiasmo um escrito é autor dele. Quem cria, vê sempre uma Lindoia[1] na criatura, embora as índias sejam pançudas[2] e ramelentas[3].

Volto a afirmar que o meu livro tem 50 leitores. Comigo 51. Não é muito não. Cinquenta exemplares distribuí com dedicatórias gentilíssimas. Ora dentre cinquenta presenteados, não tem exagero algum supor que ao menos 5 hão de ler o livro. Cinco leitores. Tenho, salvo omissão, 45 inimigos. Esses lerão meu livro, juro. E a lotação do bonde se completa. Pois toquemos pra avenida Higienópolis!

Se este livro conta 51 leitores sucede que neste lugar da leitura já existem 51 Elzas. É bem desagradável, mas logo depois da primeira cena cada um tinha a Fräulein dele na imaginação. Contra isso não posso nada e teria sido indiscreto se antes de qualquer familiaridade com a moça, a minuciasse[4] em todos os seus pormenores físicos, não faço isso. Outro mal apareceu: cada um criou Fräulein segundo a própria fantasia, e temos atualmente 51 heroínas pra um só idílio.

51, com a minha, que também vale. Vale, porém não tenho a mínima intenção de exigir dos leitores o abandono de suas Elzas e impor a minha como única de

---

1 Lindoia: formosa heroína indígena do poema *O Uraguai*, de Basílio da Gama (1740-1795).
2 Pançudas: barrigudas.
3 Ramelentas: com os olhos sujos de remela.
4 Minuciasse: descrevesse em detalhes.

existência real. O leitor continuará com a dele. Apenas por curiosidade, vamos cotejá-las agora. Pra isso mostro a minha nos 35 atuais janeiros dela. (...)

Não é clássico[1] nem perfeito o corpo da minha Fräulein. Pouco maior que a média dos corpos de mulher. E cheio nas suas partes. Isso o torna pesado e bastante sensual. (...)

Isso do corpo de Fräulein não ser perfeito, em nada enfraquece a história. Lhe dá mesmo certa honestidade espiritual e não provoca sonhos. E aliás, se renascente[2] e perfeito, o idílio seria o mesmo.

Fräulein não é bonita, não. Porém traços muito regulares, coloridos de cor real. E agora que se veste, a gente pode olhar com mais franqueza isso que fica de fora e ao mundo pertence, agrada, não agrada? Não se pinta, quase nem usa pó de arroz. A pele estica, discretamente polida com os arrancos da carne sã. O embate é cruento[3]. Resiste a pele, o sangue se alastra pelo interior e Fräulein toda se roseia[4] agradavelmente.

O que mais atrai nela são os beiços[5], curtos, bastante largos, sempre encarnados[6]. E inda bem que sabem rir: entremostram apenas os dentinhos dum amarelo sadio mas sem frescor. Olhos castanhos, pouco fundos. Se abrem grandes, muito claros, verdadeiramente sem expressão. Por isso duma calma quase religiosa, puros. Que cabelos mudáveis! ora louros, ora sombrios, dum pardo em fogo interior. Ela tem esse jeito de os arranjar, que estão sempre pedindo arranjo outra vez. Às vezes as madeixas[7] de Fräulein se apresentam embaraçadas, soltas de forma tal, que as luzes penetram nelas e se cruzam, como numa plantação nova de eucaliptos. Ora é a mecha mais loura que Fräulein prende e cem vezes torna a cair...

O menino aluado[8] como sempre. Fixava com insistência um pouco de viés... Seria a orelha dela? Mais pro lado, fora dela, atrás. Fräulein se volta. Não vê nada. Apenas o batalhão dos livros, na ordem de sempre. Então era nela, talvez a nuca. Não se desagradou do culto[9]. Porém Carlos com o movimento da professora viu que ela percebera a insistência do olhar dele. Carecia explicar. Criou coragem mas

---

1 Clássico: como as antigas estátuas femininas da arte grega e romana.
2 Se renascente: se fosse parecido com as representações da época do Renascimento.
3 Cruento: sangrento.
4 Se roseia: se torna cor-de-rosa.
5 Beiços: lábios. Na época do romance, essa palavra não tinha o tom vulgar e pejorativo que ganhou mais tarde.
6 Encarnados: avermelhados.
7 Madeixas: cachos.
8 Aluado: desligado, distraído.
9 Não se desagradou do culto: isto é, ela não achou ruim esse olhar insistente.

encabulou, encafifado¹ de estar penetrando intimidades femininas. Não foi sem comoção, que venceu a própria castidade e avisou:

— Fräulein, seu grampo cai.

O gesto dela foi natural porque o despeito se disfarçou. Porém Fräulein se fecha duma vez. Quinze dias já e nem mostras do mais leve interesse, arre!

Será que não consegue nada!... Isso lhe parece impossível, estava trabalhando bem... Que nem das outras vezes. Até melhor, porque o menino lhe interessava, era muito... muito... simpatia? a inocência verdadeiramente esportiva? talvez a ingenuidade... A serena força... *Und so einfach*², nem vaidades nem complicações... atraente. Fräulein principiara com mais entusiasmo que das outras vezes. E nada. Veremos, ganhava pra isso e paciência não falta a alemão. Agora porém está fechada por despeito, dentro dela não penetra mais ninguém.

(Op. cit. p. 21-25)

1. Em que aspectos a forma como o narrador descreve fisicamente Fräulein rompe com a tradição literária?
2. Por que Fräulein se mostra preocupada com a situação entre ela e Carlos? O que ela parece estar sentindo pelo rapaz?

Texto 4

[O beijo]

Carlos não suportaria mais o mal-entendido, isso via-se. A angústia interior, imperiosa, aterrorizante, avisava-o também disso. Confessaria hoje agora já na lição. Será que Fräulein também percebera o desespero do menino? Auxiliava. A hora acabava. Carlos, respiração multiplicada sonora. E era verdade que esquecia-se das letras agora, *Sehnsucht*³ tinha agá ou não? Desejaria escrever rápido, acabar! Correr ao sol noutro calor!... Fräulein, com o braço esquerdo no espaldar da cadeira de Carlos, ponhamos, nas costas do rapaz, se despejou sobre ele, amoldada:

— Deixe ver.

Deitou o braço direito sobre o dele, lhe segurando a mão, soerguendo-a do papel. Assim, não é para intrigar, porém ele ficava abraçado. Abaixou a cabeça,

---

1 Encafifado: envergonhado.
2 *Und so einfach* (em alemão): e tão simples (nota de Mário de Andrade).
3 *Sehnsucht* (em alemão): saudade, nostalgia.

querendo e não querendo, que desespero! era demais! se ergueu violento. Empurrou a cadeira. Machucou Fräulein.

— Não escrevo mais!

Ela ficou branca, tomou com um golpe. Custou o[1]:

— Que é isso? Venha escrever, Carlos!

— Desse jeito não escrevo mais!

Abriu a luz da janela. Olhava pra fora, raivoso, enterrando virilmente as mãos nos bolsos do pijama, incapaz de sair daquela sala. Fräulein não compreendia. Estava bela. Corada. Os cabelos eriçados, metálicos. Doía nela o desejo daquele ingênuo, amou-o no momento com delírio. Revelação!

Todos os instintos baixos dela, por que baixos! todos os instintos altíssimos dela, guardados por horas... (altos ou baixos?... ninguém o saberá jamais!) guardados por horas, por dias, meses, surgiam somados numa carreira de estouro que só a exaustão pararia. E ele era mais forte, duma força de pureza! vencia. Si[2] partisse, tudo acabado. Oh não queria não! Vai falar pro pai, não sei... Mesmo que sofresse também, era capaz de trazer Maria Luísa pras lições... E nunca mais ficará só com ela, com aquela que desejava, que pedia de amor... Depois começaria a pensar nela... Aos poucos ei-la idealizada, lá longe...

Não! Assim Fräulein não queria! E não reparava que Carlos era muito quotidiano pra tais idealizações[3]. Isso só prova que Fräulein era ruim observadora, nada mais. Ou por causa da ardência do instante. Aliás, já tinham ambos ultrapassado o pensamento de amor. Carlos não sairá daquela sala, assim, mãos nos bolsos, lábios pobres, alma interrogativa.

— Mas que modos são esses, Carlos... Responda! dolorida.

Ele deu um som muxoxado com a língua, sacudindo a cabeça recurva, balançando o corpo numa irritação motivada, sem nexo. Batia o calcanhar! Fräulein se aproximou. Que pedido sublime, murmurando aquele:

— Venha escrever...

— Não escrevo mais, já disse...

— Venha...

Tinha de ser a primeira a se confessar. Ela era a mais forte, da força de sabença. Teve tristeza por isso. Carlos por seu lado já estava mais calmo. A revolta lhe

---

1 Custou o: Mário de Andrade faz um corte modernista na frase. Esse "o" refere-se à frase que ela vai dizer. É como se o narrador dissesse: custou dizer isto.

2 Si (grafia do autor): se.

3 Quotidiano pra tais idealizações: isto é, não era capaz de ter esses pensamentos.

desagrupara os tais instintos altíssimos. Quando Fräulein toda entregue, amolecida, emoliente[1], lhe segurou no braço:

— Venha... Você me entristece, Carlos...

Ele não sentiu nada. Imaginou que estava tudo acabado e vencera-o. Opôs apenas por opor:

— Mas a hora já acabou...

— Não ainda!...

Voltaram pras cadeiras. Muito unidos agora. De propósito. Sabiam que estavam unidos de propósito. Amantes e confessados. *Sehnsucht* tinha agá.

— Ora Carlos. Como é o *esse* maiúsculo?

E como se afastara um pouco dele, no recuo parlamentar dos espantos, Carlos não pôde suportar o gozo perdido. Olhou pra ela e canalha, se rindo quase de vergonha, vencedor:

— Venha! Fique daquele jeito!

Enlaçava-lhe a cintura enfim, puxou-a. Botou a cara gostosa no colo dela, aonde nascem os aromas que atarantam[2]. Lhe beijou as roupas. Depois sentiu um medo grande dela, vergonha desmedida, se refugiou dela nela. Sensualmente afundou olhos, nariz, boca, muita boca no corpo da querida. Pra se esconder. Fräulein sufocou-o contra o peito, com os seus braços enrolados.

Quando ele sentiu sobre os cabelos uma respiração quente de noroeste, principiou a imaginar e criticar. Criticar é comparar. Que gosto que teriam esses beijos do cinema? Ergueu a cara. E, pois que era de novo o mais forte, beijou Fräulein na boca.

(Op. cit. p. 77-80)

1. Destaque algumas passagens em que se percebe claramente a intervenção do narrador, que vai inserindo suas observações e comentários sobre o que está contando.
2. Recorde o conceito de estilo indireto livre e aponte os exemplos no texto, explicando-os.

---

1 Emoliente: amolecida, mole.
2 Atarantam: perturbam.

Texto 5
Depois do episódio do beijo, Fräulein e Carlos começam a ter encontros amorosos durante a noite e se tornam íntimos. Ela então acha que chegou a hora de ensinar-lhe um novo sentimento.

[Uma lição especial]

Que diabo! não acha muito cedo pra ensinar o ciúme da mulher, Fräulein? Porém a professora não se vence mais. Curiosidade? Antes aflição. Por isso ela se fala: chegou o momento de ensinar o ciúme da mulher. E porque chegou, lhe sobra ocasião pra se certificar de. Arranca desabrida:

— É. Como as outras que você já teve. E as que há de ter.

Que método, Virgem! Veja como espantou o menino! está roxo de vergonha. Porém a resposta é pura e firme:

— Nunca tive ninguém!

Fräulein não deve insistir. Pois ela, esta cultura do sofrimento! ela imediatamente:

— Ninguém? Você não me engana, Carlos. Então hei de acreditar que fui a primeira?

— Você foi a primeira! a Única!

— Não minta, Carlos. Então você nunca esteve com ninguém?... Está vendo?... Responda!

89

Ele ergue a cara, ardendo em verdades magníficas. Quanta franqueza linda! E responde. Responde certo:

— Estar não é gostar, Fräulein!

Não tem dúvida: o método socrático de perguntas e respostas dá no vinte[1], quase sempre. Ao menos quando escrito assim em cima do papel, seja por Platão ou mesmo por mim. A resposta de Carlos falava lindíssima verdade. Porém quando as verdades saltam do coração, nós homens intelectuais lhes damos o nome feio de confissões. Carlos confessara apenas, não aprendera nada com a verdade que dissera. Só quando do peito passa pro cérebro, a confissão se transforma em verdade. Dessa excursão o professor é o tapejara[2].

Tínhamos chegado no momento da necessaríssima distinção entre amor e posse que, quando pra mais não sirva, serve pra sossego dos Sousa Costas pais. Carlos chegaria à certeza boa, si Fräulein dirigisse bem o diálogo. Bem que ela desconfiara na primeira noite, Carlos já conhecia o. Agora sabia disso, pois continuasse a lição! Qual o quê! A curiosidade corre num motociclo, o dever anda de bicicleta, veículo atrasado, quem vencerá? A gente já sabe que só nas fábulas o jabuti ganha da candimba[3], nem sou capcioso[4] Platão que prepara os diálogos por amor de cobrir de glórias o mestre dele. Por estas duas razões acontece que o motociclo ganha a corrida e Fräulein, em vez de ensinar, insiste. Faz perguntas, fingindo um ciúme aliás muito verdadeiro. Carlos, refugando[5] sempre, enojado, desembucha tudo afinal. Fora com uma qualquer, rua Ipiranga, porém que tinha isso! tão natural... E uma vez só! uma vez só! Fräulein te juro!... nem tive prazer... e levado por companheiros... si soubesse que você vinha!... E era só, unicamente dela! nunca serei de mais ninguém!... e, juro! foram os companheiros que me levaram, sinão não ia!

Fräulein, embora nada grega, acreditava que os esportes eram alambiques de pureza. Porém não tinha vagar bastante agora, pra defender a ilusão escangalhada[6]. O fato de Carlos não lhe ter dado a inocência[7], preocupava-a. Sejamos sinceros: aquilo machucou-lhe o orgulho profissional.

Mais do que esse sentimento inútil, logo sequestrado, Fräulein discutia se os oito contos lhe escapavam ou não, certo que não! Porém lhe faltava descanso ago-

---

1 O método socrático de perguntas e respostas dá no vinte: alusão irônica ao método de investigação usado pelo filósofo grego Sócrates (469-399 a.C.) na busca da verdade. "Dá no vinte" é uma expressão popular da época que significa funciona, acerta em cheio.

2 Tapejara: guia experiente.

3 Candimba: espécie de lebre.

4 Capcioso: malicioso, astucioso.

5 Refugando: negando.

6 Escangalhada: abalada, destruída.

7 Dado a inocência: isto é, a revelação de que Carlos não perdera a virgindade com ela a preocupa.

ra, pra provar o não, Carlos estava ali. Só não cruzava as pernas mais, queixo nas mãos, cotovelos nos joelhos[1]. O caso parecia grave. Bolas! Preferia os beijos, Fräulein repeliu-o. E por que chorou! Ninguém o saberá jamais, chorou sinceramente.

Aproveitou as lágrimas pra continuar a lição. E aos poucos, entre perguntas e desalentos[2], mordida pelos soluços, tirava do aterrorizado as múltiplas verdades da sua teoria lá dela: qual o procedimento dum homem que não enciúma às cunhãs[3], quais os gestos que dão firme e duradouro consolo à amante, desculpe: esposa enfraquecida pela dúvida, etc. Carlos, que menino inteligente! Foi apressado, foi dominador, sincero. Tanto mesmo que ao partir, compartilhava os ciúmes de Fräulein, satisfeito. A tal farra com os camaradas... um crime. Só não se amaldiçoou, não amaldiçoou os companheiros e a perdida, só não chorou nem monologou porque não tinha inclinação pro gênero dramático. E aquilo teria mesmo tanta importância assim. Não sabe. Sente que não. Quer sofrer mas não pode, está sublime de felicidade: uma mulher chorou por causa dele! Puxa que gozo! Ele até dá um soluço. De gozo.

(Op. cit. p. 101-104)

> 1. Ao saber que ela não fora a primeira mulher na vida sexual de Carlos, Fräulein fica preocupada. Por quê? Que sentimentos tomam conta dela nesse momento?
> 2. Por que Carlos acaba se sentindo bem com o choro de Fräulein?
> 3. Fräulein começou a conversa querendo enciumar Carlos. Mas no fim o que aconteceu?

Texto 6

[Sacrifício]

Entre Sousa Costa e Fräulein se convencionara desde o princípio, que aquilo não podia acabar sem um pouco de violência. A maior lição estava mesmo no susto que Sousa Costa pregaria no coitado. E então lhe mostraria os perigos que nessas aventuras de amor pecaminoso, pecaminoso? correm os inexperientes. Vocês todos já sabem quais são. Isso divertira muito Sousa Costa, representar a cena lhe

---

1 Isto é, os modos de Carlos já não são os mesmos, ele não parece à vontade.
2 Desalentos: desânimo, desesperança.
3 Cunhãs: palavra da língua tupi que significa moças, mulheres jovens.

dera um gostinho. Sousa Costa queria muito bem o filho é indiscutível, porém isso de amores escandalosos dentro da própria casa dele lhe repugnava bastante. Não é que repugnasse propriamente... fazia irritação. Está certo: irritava Sousa Costa. O filho era dele, lhe pertencia. Que se entregasse a uma outra e ele sabendo, teve ciúmes, confesso. Se sente como que corneado! Tal era a sensação inexplicável de Sousa Costa pai.

Pois com o susto se vingava. O antessabor[1] da comédia lhe multiplicou os momentos de sorriso, não se esquecera mais. "Depois pregamos um bom susto nele" falara à mulher naquela cena inquieta de explicações com Fräulein. Porém agora diante desta, na biblioteca, pensava melhor, aquilo traria incômodos. Caceteação[2]! o menino ia fazer barulho naturalmente... E esse malestar[3] que as estreias sempre dão...

— Mas Fräulein, não seria possível acabarmos de outra forma?... mansamente? Meu filho vai sofrer muito, é tão amoroso! Depois... depois eu falo tudo pra ele.

Porém Fräulein já sabe que Sousa Costa promete e não cumpre, insistiu. De mais a mais assim, violentamente, a lição ficava mais viva no espírito, isto é, no corpo de Carlos. O corpo tem muito mais memória que o espírito, não é? É. Além disso, por mais burguês e vulgar que seja um alemão, sempre de quando em quando lhe rebrota[4] no deus encarcerado um desejo de tragédia inútil, esse mesmo que fez a renúncia de Werther[5] e o mais inútil ainda sacrifício de Franz von Moor[6]. Sem confessar isso, Fräulein desejava a tragédia, mesmo com o sacrifício da memória dela na recordação de Carlos.

O que Carlos ficava pensando dela... Porém como que isso lhe nobilitava o trabalho anterior, lhe redimia a profissão. Do quê?! Ah, consciência, consciência... O trabalho e a profissão de Fräulein eram bem nobres, a moça tinha certeza disso. Tinha certeza. Porém. Então ela se falava: se o senhor Sousa Costa não ensinar agora, não ensina mais. É preciso que ensine. O meu dever é não sair daqui sem que ele primeiro indique a Carlos os perigos. Mesmo com o meu sacrifício.

(Op. cit. p. 155-157)

---

1   Antessabor: sabor antecipado.

2   Caceteação: aborrecimento, chateação.

3   Malestar (grafia do autor): mal-estar.

4   Rebrota: renasce.

5   Werther: personagem central do romance *Os sofrimentos do jovem Werther*, de 1774, do escritor alemão Goethe (1749-1832). Werther é um jovem apaixonado que, sofrendo muito por não ser correspondido pela mulher amada, termina por cometer suicídio.

6   Franz von Moor: personagem da peça teatral *Os bandoleiros*, de 1781, do escritor alemão Schiller (1759-1805).

1. Por que Fräulein insiste em que o fim do relacionamento dela com Carlos seja marcado por um pouco de violência?
2. Na passagem: "E então lhe mostraria os perigos que nessas aventuras de amor pecaminoso, pecaminoso?". Explique como você interpreta a interrogação do narrador.
3. Por que Fräulein admite que terminar desse modo seria um sacrifício doloroso para ela?

Texto 7

[Susto e medo]

Carlos entrara no quarto de Fräulein. Mal tivera tempo de. Porém já machucara a amante, cruzando as pernas sentado. Tátão, tão, tão[1]!

— Abra!

Meu Deus! Entra Sousa Costa.

— Que está fazendo aqui, diga!

— Nada, papai...

Flébil, flébil[2], nem se ouvia. Sousa Costa acreditou que era um grande artista dramático. Voltou-se pra Fräulein. Por lembranças românticas franziu a testa.

— Ela não tem a culpa!

De pé agora, relampeando[3] em nítida franqueza, heroico.

— O senhor tenha a bondade mas é de ir já pro seu quarto! Já vou lá também!

Carlos baixou a cabeça, partiu. Francamente: não soube que partia. Não soube que chegou no quarto. Não soube que se encostou na guarda da cama, senão caía mesmo, plorum[4]! Desmanchado no chão. Não soube o tempo que passou. Nada. Enxergou a porta se abrindo. Ergueu a cara pro pai:

— Ela não teve a culpa, papai!

Não relumeava[5] mais, mas sem implorações[6] também. Emperrado apenas na própria verdade: quando uma mulher erra, só o homem é que tem a culpa. E, sem nenhuma temeridade, corajoso.

---

1   Tátão, tão, tão: onomatopeia para expressar as pancadas na porta.

2   Flébil: fraco.

3   Relampeando: nessa passagem expressa uma ideia de altivez, de brilho no olhar do rapaz.

4   Plorum: onomatopeia para expressar o barulho de uma queda.

5   Relumeava: relampeava.

6   Implorações: súplicas.

— Você está louco! Você sabe quem é essa mulher! E se ela agora te obriga a casar! Está muito bonito!

Carlos aterrado, casar! Que explosão de luz essa no cérebro! Luz ruim.

Mas o apego a Fräulein subjuga todos os preconceitos, sociedade e futuro desaparecem, só Fräulein, o conchego de Fräulein fica. E ainda um pouco de coragem, cabeçudo. Flébil, flébil:

— Eu caso, papai...

— Bobo! Você não está vendo que é uma aventureira!

— Não é uma...

— Cale-se!

— Papai! Mas ela não é uma aventureira!

Agora implorava. Que dó fazia na gente!

— Carlos, você é uma criança, Carlos! E não sabe nada, ouviu! E agora! E se tiverem um filho, como é! Diga!! Maluco...

Ah! Isso acabou Carlos. Caiu numa cadeira, chorou. Sousa Costa já estava cansado também. Sentou-se e falou manso. Aliás por pouco tempo, nem reparou que não ensinava nada. Viu o filho chorando e teve amor, consolou.

Felizmente ele estava ali pra acabar com aquilo. Porém que tivesse cuidado pra outra: não tem tantas mulheres sem perigo por aí, não o obrigasse mais a gastar dinheiro com essas coisas. Carlos tira a cara das mãos, quer ver se o dinheiro é verdade.

— Ela não recebeu dinheiro!

— Ah?! Então você pensa que ela partia assim, sem nada, não é!...

— Quando!

Que dinheiro, nem baixezas! Fräulein partia! Só isso Carlos escutou.

— Quando?

— Quando?! Essa é muito boa! O mais depressa possível, amanhã cedo.

— Não! Papai! Não! Eu não faço mais nada!

— Como é! Então você!!! Mas Carlos você está maluco duma vez! Parte! E é pena que não possa partir já, agorinha mesmo!

Perdia terreno. Voltou à ideia do filho, com que vencera de-já-hoje[1].

Carlos recomeçou a chorar. Era horrível! Casar ainda, mas ter um filho... UM FILHO! Não! Era impossível! Que medo! E como! Depois! Meu Deus! Um filho... Um filho...

---

1   De-já-hoje (grafia do autor): de já hoje, expressão que nessa passagem significa "ainda há pouco".

— E agora o senhor vai-me deitar[1] e nada de barulhos, ouviu? Eu já falei que arranjo isso. Mas fique aí bem quieto e durma!

(Op. cit. p. 158-160)

1. Que reações e pensamentos de Carlos revelam que ele está apaixonado por Fräulein?
2. Levando-se em conta o objetivo que Fräulein tinha em mente quando foi contratada, o que essa paixão de Carlos significa para ela?
3. Que argumento usado pelo pai aterroriza Carlos e o faz desistir de Fräulein?

Texto 8

[Despedida]

O trem partia às seis e trinta, escolhera Santos. Bem que podia ficar em São Paulo, a cidade era bastante grande pros dois, porém o acaso dum encontro possível, só pensar nisso lhe prolongaria aquela ternura por Carlos. O irremediável consola mais depressa.

Além disso Fräulein se aborrecera de São Paulo. Por causa de Carlos. Não sei, mas tinha um sentimento de humildade diante dele. Lhe parecia muito sério isso. Careciam do irremediável. Pois então Santos. Ao menos pra partir: Santos. Campinas um segundo lhe passou na geografia. Seria possível a profissão dela em Campinas? Talvez voltasse pro Rio. Seis horas no "hall", devia partir. Como vencer a ternura! Pediu pra Sousa Costa que lhe deixasse ver Carlos. Como negar? Dona Laura subiu, chorando já.

— Meu filho... acorde, meu filho!
— Que é mamãe...
Se ergueu sobressaltado, ainda sem pensamento.
— Meu filho, Fräulein vai embora... você não quer se despedir dela? mas seja homem, Carlos!

1   O senhor vai-me deitar: construção coloquial que equivale a "o senhor vá se deitar".

Carlos de pé. Mal calçou os chinelos, se arranjar pra quê! Sujo de sono se atirou na porta, desceu as escadas, ficaram perdidos no abraço. Chorando ele mergulhava a cara nas roupas desejadas. Nem lhes gozava o cheiro lavado. Fräulein, entre lágrimas, sorriu assim:

— Meu filho...

Sousa Costa repuxava os bigodes, bolas! Porém lhe doía a dor do filho. Dona Laura descia os últimos degraus. Um dos chinelos de Carlos estava ali.

Era preciso partir.

— Adeus, Carlos. Seja... muito feliz, ouviu? adeus...

Beijou-o na testa. Na testa, tal e qual fazem as mães. O beijo foi comprido por demais.

Se desvencilhava. Dona Laura ajudou.

— Filhinho... não faça assim!...

Os braços dele foram ficando vazios. Os braços dele ficaram compridos no ar. Ficaram compridíssimos. Foram descendo cansadíssimos. Teve uma vaga lembrança de que nem a beijara. Não, só um verbo naturalista: não aproveitara. E agora nunca mais. Porta que fecha. Sonolência. Não chorava. Foi andando. Parou calçando o chinelo. Subia os degraus.

Fräulein sacudida pelos soluços nervosos entrou no automóvel. Partiam mesmo. Debruçou-se ainda na portinhola:

— Meu Carlos...

Nada. Só Tanaka[1] fechando o portão, se rindo. E uma casa fechada, toda num amarelo educado, senhorial. VILA LAURA. Quis lutar. Tolice sofrer sem causa. Derrubou-se pra trás largada, desinfeliz[2]. Sousa Costa olhava de soslaio[3] pra ela, sem compreender.

No primeiro andar a janela se abriu, que rompante[4]! Carlos engoliu avenida, buscando ver, querendo ver, vendo, o automóvel que sabia sem saber estava longe nunca mais, deserto só. Não estendeu os braços. Não gritou. Porém o olhar turvo escorreu pela avenida até onde! meu Deus...

Os raros transeuntes da aurora viam na janela um mocinho chorachorando, coitado! decerto perdeu a mãe...

Na estação Sousa Costa foi comprar o bilhete. Fez Fräulein entrar no vagão.

---

1   Tanaka: um empregado japonês que trabalhava na mansão.
2   Desinfeliz: muito infeliz.
3   De soslaio: de esguelha, disfarçadamente.
4   Rompante: ímpeto.

— Muito obrigada, senhor Sousa Costa. E... acredite, oh! acredite... desejo a felicidade de Carlos!

— Acredito, Fräulein. Muito obrigado.

Exausta, meia[1] triste, ela olhava sem reparar a carreira das campinas. Estação de São Bernardo? Pensava. Quase sofria. Carlos. Era muito sincero, corajoso. Ora! E a raiva contra todos os homens quase que fez ela se rir, prevendo o desastre. Afastou com energia o ódio inútil. Se protegeu contra a imaginação, pensando no dinheiro. Assegurou-se de que a maleta estava ali, estava. Oito contos. Mais dois ou três serviços e descansava. Apesar de tudo, Carlos... que alma bonita, um homem. Tomou-a novo relaxamento de vontades. Doía. Talvez o amasse? Fräulein murmurou severamente o "não", quase que os outros escutaram. Sorriu. Uma ternurinha só. Muito natural: era um bom menino, e não pensemos mais nisso. Estava muito calma.

E o idílio[2] de Fräulein realmente acaba aqui. O idílio dos dois. O livro está acabado.

FIM

Fräulein não age mais e não sentirá mais. Quando muito uma recordação cada vez mais espaçada, o pensamento cada vez mais sintético lhe dirá que viveu ano e pico[3] na casa da família Sousa Costa. Não, isso não lhe dirá. Dirá que teve um Carlos Alberto Sousa Costa em sua vida, rapazola forte, simpático, que se aproxima dela sob a pérgola do jardim. Depois se afasta com a cabeça bem plantada na gola do suéter, vitorioso, sereno, como um jovem Siegfried[4]. E só isso. Já tomou posse de si mesma. (...)

O idílio acabou. Porém se quiserem seguir Carlos mais um poucadinho, voltemos pra avenida Higienópolis. Eu volto[5].

(Op. cit. p. 164-169)

---

1   Meia (grafia do autor): meio.
2   Idílio: aqui, tem o sentido de história de amor.
3   Ano e pico: um ano e pouco.
4   Siegfried: um dos heróis da mitologia nórdica. Deu nome a uma das óperas do compositor alemão Richard Wagner (1813-1883).
5   Observe novamente a intervenção do narrador, que põe um ponto final no idílio mas não na história. Dialogando com o leitor, ele o convida a seguir a leitura, criando uma expectativa: o que virá em seguida?

1. Por que Fräulein pediu para se despedir pessoalmente de Carlos? Esse pedido não ia contra o que ela planejara para a educação amorosa do rapaz?
2. Com relação ao seu envolvimento com Carlos, o que revelam os pensamentos de Fräulein durante a viagem de trem?

Texto 9

[O tempo passa]

Carlos sentiu que já estava de luto aliviado. Ao abatimento surdo e desespero dos primeiros dias, continuara uma tristeza cheia de imagem de Fräulein. Quer dizer que a amante principiava a ser idealizada. Breve se chamaria Nise, Marília, Salutaris Porta[1] e outros nomes complicados. Não, isso pra Carlos é impossível. Breve Fräulein irá pra esse sótão da vida, quartinho empoeirado, aonde a gente joga os trastes inúteis. Até desagradáveis. Mas por agora ela apenas fora viver num quarto andar. Sem elevador. Carlos já carecia de procurar a imagem dela muito alto.

E vinha sempre acompanhada de qualquer coisa cacete[2]: o horror do filho, a mesquinhez[3] dela, a exigência de casamento, do que escapei! Teria mesmo recebido dinheiro?... Não recebeu. Então a imagem longínqua se aproximava apressada. Adquiria mais traços, se corporizava em representação nítida. Belíssima, enriquecida, ai desejo! E não desagradava mais. Fräulein, meu eterno amor!...

Talvez mesmo até nesses momentos ele intransitivamente pedisse qualquer corpo... Porém só tinha prática dum, não amarei mais ninguém! E o corpo de Fräulein vinha, sem atributos morais, sem exigência de casamento, sem filhos, sublime. Carlos aos poucos se exaltava. O ofego[4] dolorido chamava-o à realidade. Severamente reprimia envergonhado a tendência para as torpezas[5] e procurava

---

1 Nise, Marília, Salutaris Porta: Nise e Marília são os nomes das musas inspiradoras dos poetas Cláudio Manuel da Costa (1729-1789) e Tomás Antônio Gonzaga (1744-1810), respectivamente. *Salutaris Porta* é o título de um soneto de Olavo Bilac (1865-1918) que fala do triste fim de um breve idílio.

2 Cacete: aborrecida, desagradável.

3 Mesquinhez: qualidade de quem é mesquinho, interesseiro, incapaz de generosidade.

4 Ofego: respiração acelerada, difícil.

5 Torpezas: indecências.

de novo a própria tristura[1], buscando outra vez no quarto andar aquela Fräulein que... Já muita coisa de convencional nessa tristura.

E ele sentiu sem se confessar a si mesmo, que chegara o momento de principiar esquecendo. Meteu-se na manhã, procurou companheiro de esporte foram treinar futebol. (...)

O corso[2] da avenida Paulista se esparramava no auge. As quatro filas de automóveis se entrecruzavam de manso, espirravam na tardinha as serpentinas. Luís já abandonara outra vez o lugar junto do motorista.

— Mais uma, Luís!

Passava a serpentina para a irmã.

— Por que você saiu de junto do *chauffeur*[3]? Você tem alguma coisa?

— ...tenho nada, mamãe! Você sempre pensa que estou doente!...

Estava bem. Benzíssimo. Fräulein entre os dois irmãos, na capota descida da marmon[4], recebeu nos olhos a cara cheia de confissões medrosas do Luís. Abaixou recatada o olhar.

— Mais uma, Luís! Luís, mais uma! que lerdeza. Me dê um maço logo!

— Também não brinca, Fräulein?

— Não gosto muito desses brinquedos. Prefiro conversar.

Olhou-o sorrindo. Porém como pintara no sorriso quase a máscara do desejo, tornou a baixar as pálpebras serenas. Varreu com elas o impudor[5] e ficou inocente. Luís se chegara um bocadinho mais ou teve a intenção de. Muito feliz por descobrir essa correspondência. Também não gosta desses brinquedos, ásperos, fazem cansaço na gente. E tantas pessoas desconhecidas. É tão milhor[6] dentro de casa, onde a gente se conhece bem. Também preferia conversar. Com ela. Porém como não tinha nada que falar, desenrolava envergonhadamente uma serpentina.

Fräulein olhava-o, puxava-lhe da língua, fornecia assuntos, confiança em si mesmo. Luís progredia, porém lentamente, quase nada. E quando ela, no pretexto amoroso, agarrou a mão dele:

— Não estrague assim a serpentina, mau!

---

1 **Tristura: tristeza.**
2 **Corso: desfile de carros no carnaval.**
3 *Chauffeur* **(em francês): chofer, motorista.**
4 **Marmon: modelo de automóvel americano.**
5 **Impudor: falta de pudor.**
6 **Milhor (grafia do autor): melhor.**

Luís já não retirou a mão. Só que ficou branco, trêmulo, se afoitando ao gosto do contacto. Se pusera a espiar muito atento a cadeia dos autos[1], não via nada, plum! plum! coração pulando no peito. Fräulein retirou a mão. Trouxera consigo a fita desenrolada da serpentina. Luís docemente, que gostosura! puxava. Fräulein puxava. A serpentina se desenrolando. Tão divino o prazer que ele sentiu os olhos úmidos.

Fräulein pensava, relando[2] a vista pela multidão. Luís lhe desagradava. Não era o tipo dela. Nenhum desses brasileiros, aliás... Queria alguém de puro, de humilde, paciente, estudioso, pesquisador. Chegaria da biblioteca, da Universidade... Qualquer edifício grande de pensamento, cheio de deuses disponíveis. Deporia os livros... cadernos de notas? Sobre a toalha de riscado... Lhe dava o beijo na testa... Todo de preto, alfinete de ouro na gravata... Nariz longo, muito fino e bem raçado[3]. Aliás todo ele duma brancura transparente... E a mancha irregular do sangue nas maçãs... Tossiria arranjando os óculos sem aro... Tossia sempre... Jantariam quase sem falar nada.... Serpentinas paulistas a dois e quinhentos! Dois e quinhentos! A "Pastoral". Iriam no dia seguinte ouvir a "Pastoral"... Ele se punha no estudo... Ela arranjava de novo a... Alguém lhe chamou os olhos, conhecido, Carlos? Era Carlos com as irmãs na "Fiat". Instintivamente ela atirou uma serpentina. A fita rebentou.

— Ah!

Deu um gritinho horrorizada, acertara na testa dele, podia tê-lo ferido... Carlos olhou. Mandou-lhe um gesto rápido de cabeça, quase saudação. E continuou brincando com a holandesa[4]. Fräulein se doeu, tomou com o baque seco nas entranhas. O deus soltou um gemido que nem urro. Esses deuses do norte são muito cheios de exageros. Carlos não fez por mal! Foi mostrar que reconhecia e machucou. Fräulein virando o rosto pra trás, seguiu-o com os olhos, quase amorosa mas já porém reposta no domínio de si mesma. Estava muito direito assim! E se venceu completamente com o raciocínio, numa espécie de felicidade. Estava muito certo assim. Ele amaria muito aquela moça. Era bonita. Rica, se via. Carlos casaria bem, na mesma classe. (...)

E uma comoção materna se desencadeou no corpo dela, nem via mais Carlos, os olhos batendo de auto em auto pela gente colorida, Carlos... José... Alfredo já casado... Antoninho também já casado... e, *mein Gott*[5], tantos!... tomou-a maravi-

---

1 Cadeia dos autos: fila dos automóveis.
2 Relando: olhando por alto, sem muita atenção.
3 Raçado: branco.
4 Holandesa: moça fantasiada de holandesa.
5 *Mein Gott* (em alemão): meu Deus.

lhosa alucinação. Estavam todos por ali amando. Felizes. Habilíssimos. Familiares. Ela era mãe de amor! Estava até bonita. Mãe de amor! Mãe...

Luís muito sozinho nos seus dezessete anos medrosos, esguio pela desilusão, se queixou:

— É Carlos...

... de amor!... Ela abriu os olhos da vida pra aquele. Ininteligente. Sarambé¹. Batido, sem mesmo vivacidade interior. Decididamente Luís lhe desagradava, e Fräulein não sentiu nenhuma vontade de continuar. Porém como ele apenas esperasse um gesto dela pra recomeçar o aprendizado, Fräulein molemente buscou entre as mãos dele a fita da serpentina. O gesto preparado aproximara os corpos. Ondulação macia de auto é pretexto que amantes não devem perder. Descansando um pouco mais pesadamente o ombro no peito dele, Fräulein se deixou amparar. Ensinava assim o mais doce, mais suave dos gestos de proteção.

(Op. cit. p. 179-183)

1. Como você interpreta a imagem do "sótão da vida", criada pelo narrador no primeiro parágrafo? O que ela pode simbolizar?
2. Qual foi a reação de Fräulein ao rever Carlos?
3. Por que, no fim, Fräulein se vê como "mãe de amor"? O que ela quis dizer com isso?

---

1   Sarambé: tolo, bobo.

"POUCA SAÚDE E MUITA SAÚVA, OS MALES DO BRASIL SÃO!". O ATOR GRANDE OTELO NO PAPEL DE MACUNAÍMA, NO FILME DE 1969, DIRIGIDO POR JOAQUIM PEDRO DE ANDRADE.

MACUNAÍMA — O HERÓI SEM NENHUM CARÁTER

Chamada de "rapsódia" por Mário de Andrade, a obra *Macunaíma* é construída a partir de um conjunto de lendas a que se misturam superstições, provérbios, anedotas e elementos fantásticos.

O enredo central da rapsódia, frequentemente interrompido pela narração de "casos" ou lendas, é o seguinte: Macunaíma tenta reaver o amuleto prodigioso (a muiraquitã) que ganhara de sua mulher Ci, Mãe do Mato, único amor sincero de sua vida, e que por desgosto pela morte do filho pequeno subiu aos céus e transformou-se na estrela Beta do Centauro.

> Na Grécia antiga, **rapsódia** era a recitação de um trecho de poema épico. No campo literário, designa a reunião, numa mesma obra, de textos com temas ou assuntos heterogêneos, de diferentes fontes.

Macunaíma havia perdido esse amuleto, que acabou ficando em poder do gigante Piaimã, em São Paulo. Depois de várias aventuras junto com seus irmãos Maanape e Jiguê, Macunaíma mata o gigante e recupera o amuleto. Porém, após novas aventuras, agora sozinho, pois os irmãos haviam morrido, Macunaíma, enganado pela Uiara (divindade que vive nos rios e lagos), perde novamente a muiraquitã e fica todo machucado. Desiludido, resolve abandonar este mundo e subir aos céus, onde é transformado em constelação: "A Ursa Maior é Macunaíma. É mesmo o herói capenga que, de tanto penar na terra sem saúde e com muita saúva, se aborreceu de tudo, foi-se embora e banza solitário no campo vasto do céu".

CAPA DO LIVRO *MACUNAÍMA*, ILUSTRADA POR CLÁUDIO MARTINS, PUBLICADO PELA EDITORA ITATIAIA (1982).

Segundo o crítico Cavalcanti Proença, o material de que se serviu o autor (...) é de origem europeia, ameríndia e negra, pois que Macunaíma, que nasce índio-negro, fica depois de olhos azuis quando chega ao planalto, enquanto os irmãos do mesmo sangue, um fica índio e outro negro. E continuam irmãos. Macunaíma entretanto não adquire alma europeia. É branco só na pele e nos hábitos. A alma é uma mistura de tudo. O próprio nome *Macunaíma* foi escolhido porque "não é só do Brasil, é da Venezuela também, e o herói, não achando mais a própria consciência, usa a de um hispano-americano e se dá bem do mesmo jeito".

Em relação ao subtítulo da obra — *o herói sem nenhum caráter* —, pode-se dizer que, na verdade, essa ausência de caráter é mais no sentido cultural do que simplesmente moral. Como escreveu o próprio Mário de Andrade:

"O que me interessou por *Macunaíma* foi incontestavelmente a preocupação em que vivo de trabalhar e descobrir o mais que possa a entidade nacional dos brasileiros. Ora depois de pelejar muito verifiquei uma coisa que parece certa: o brasileiro não tem caráter. Pode ser que alguém já tenha falado isso antes de mim porém a minha conclusão é novidade para mim porque tirada de minha experiência pessoal. E com a palavra caráter não determino apenas uma realidade moral não, em vez entendo a entidade psíquica permanente, se manifestando por tudo, nos costumes, na ação exterior, no sentimento, na língua, na História, na andadura, tanto no bem como no mal. O brasileiro não tem caráter porque não possui nem civilização própria nem consciência tradicional".

O herói caracteriza-se exatamente pelo comportamento ilógico. Aliás, nas palavras de Mário de Andrade: "É justo nisso que está a lógica de Macunaíma: em não ter lógica. (...) Macunaíma é uma contradição em si mesmo. O caráter que demonstra num capítulo, ele desfaz noutro".

Mas não é só no desenvolvimento do tema que essa obra se destaca. Com base em muitos estudos sobre folclore e literatura oral, Mário de Andrade elaborou uma linguagem riquíssima, composta de regionalismos de todas as partes do Brasil; criou palavras, utilizou-se abundantemente da fala coloquial, de frases feitas, ditados populares e provérbios. Inseriu cantigas, quadras, modinhas, parodiou o estilo acadêmico e parnasiano, variando bastante os estilos narrativos.

Texto 1[1]

[Nascimento do herói]

No fundo do mato-virgem nasceu Macunaíma, herói de nossa gente. Era preto retinto e filho do medo da noite. Houve um momento em que o silêncio foi tão grande escutando o murmurejo do Uraricoera[2], que a índia tapanhumas pariu uma criança feia. Essa criança é que chamaram de Macunaíma.

Já na meninice fez coisas de sarapantar[3]. De primeiro passou mais de seis anos não falando. Si o incitavam a falar exclamava:

— Ai! que preguiça!...

e não dizia mais nada. Ficava no canto da maloca, trepado no jirau de paxiúba[4], espiando o trabalho dos outros e principalmente os dois manos que tinha, Maanape já velhinho e Jiguê na força de homem. O divertimento dele era decepar cabeça de saúva. Vivia deitado mas si punha os olhos em dinheiro, Macunaíma

---

1 Os textos selecionados foram extraídos do livro *Macunaíma*, edição crítica de Telê Porto Ancona Lopez. Rio de Janeiro: Livros Técnicos e Científicos; São Paulo: Secretaria da Cultura, Ciência e Tecnologia, 1978. Os títulos entre colchetes não fazem parte da obra original.
2 Uraricoera: extenso rio do estado de Roraima.
3 Sarapantar: espantar.
4 Jirau de paxiúba: espécie de grade de varas, sobre esteios fixados no chão, que serve de cama; paxiúba é um tipo de madeira.

dandava¹ pra ganhar vintém. E também espertava quando a família ia tomar banho no rio, todos juntos e nus. Passava o tempo do banho dando mergulho, e as mulheres soltavam gritos gozados por causa dos guaimuns² diz-que habitando a água-doce por lá. No mucambo³ si alguma cunhatã⁴ se aproximava dele pra fazer festinha, Macunaíma punha a mão nas graças⁵ dela, cunhatã se afastava. Nos machos guspia⁶ na cara. Porém respeitava os velhos e frequentava com aplicação a murua a poracê o torê o bacorocô a cucuicogue, todas essas danças religiosas da tribo.

Quando era pra dormir trepava no macuru⁷ pequeninho sempre se esquecendo de mijar. Como a rede da mãe estava por debaixo do berço, o herói mijava quente na velha, espantando os mosquitos bem. Então adormecia sonhando palavras feias, imoralidades estrambólicas e dava patadas no ar.

Nas conversas das mulheres no pino do dia o assunto eram sempre as peraltagens do herói. As mulheres se riam muito simpatizadas, falando que "espinho que pinica, de pequeno já traz ponta", e numa pajelança⁸ Rei Nagô fez um discurso e avisou que o herói era inteligente.

(Op. cit. p. 7)

1. Que características de Macunaíma se revelam nesse texto?
2. Quais aspectos da fala popular estão presentes na linguagem do narrador?

---

1 Dandava: andava.
2 Guaimuns (ou guaiamuns): espécie de caranguejo.
3 Mucambo (ou mocambo): casebre.
4 Cunhatã: índia jovem.
5 Graças: partes sexuais.
6 Guspia (grafia do autor): cuspia.
7 Macuru: berço de índio; espécie de cesto suspenso em um caibro do casebre por uma corda.
8 Pajelança: ritual mágico realizado por um pajé.

106

Texto 2

Caminhando pelo mundo com os dois irmãos, Macunaíma encontra uma jovem que pertence à tribo das mulheres sozinhas, isto é, as icamiabas ou as amazonas. Essa jovem se chama Ci, Mãe do Mato, nome criado por Mário de Andrade. Ela luta com Macunaíma, que, no entanto, a subjuga com a ajuda dos irmãos. Eles então passam a viver juntos. Macunaíma se torna Imperador do Mato Virgem.

A origem das lendas das mulheres guerreiras chamadas amazonas está na mitologia grega. Elas se recusavam a viver com os homens e eram guerreiras ferozes, sabendo atirar flechas muito bem. Por isso, eram temidas. Periodicamente, capturavam alguns índios com quem tinham relações sexuais. Se nascesse um menino, era entregue aos índios, que os levavam embora; se nascesse uma menina, ficava com elas na tribo. Nesse caso, davam de presente ao genitor um talismã feito de pedra verde conhecido como muiraquitã, que tem um formato de sapo.

[O grande amor de Macunaíma]

Nem bem seis meses passaram e a Mãe do Mato pariu um filho encarnado[1]. Isso, vieram famosas mulatas da Bahia, do Recife, do Rio Grande do Norte e da Paraíba, e deram pra Mãe do Mato um laçarote rubro cor de mal, porque agora ela era mestra do cordão encarnado em todos os Pastoris de Natal[2]. Depois foram-se embora com prazer e alegria, bailando que mais bailando, seguidas de futebóleres águias pequenos xodós seresteiros, toda essa rapaziada dorê[3]. Macunaíma ficou de repouso o mês de preceito porém se recusou a jejuar[4]. O pecurrucho tinha cabeça chata e Macunaíma inda a achatava mais batendo nela todos os dias e falando pro guri:

— Meu filho, cresce depressa pra você ir pra São Paulo ganhar muito dinheiro.

Todas as icamiabas queriam bem o menino encarnado e no primeiro banho dele puseram todas as joias da tribo pra que o pequeno fosse rico sempre. Mandaram buscar na Bolívia uma tesoura e enfiaram ela aberta debaixo do cabeceiro

---

1 Encarnado: vermelho.

2 Pastoris de Natal: festa folclórica brasileira originária da Península Ibérica, em que ocorre uma "luta" simbólica entre o cordão azul e o cordão encarnado.

3 Rapaziada dorê: brincadeira com a expressão "juventude dourada" (*dorée*, em francês), isto é, rapaziada rica e chique.

4 Em muitas tribos, quando a mulher dá à luz, o pai também fica de resguardo por um tempo.

porque sinão Tutu Marambá[1] vinha, chupava o umbigo do piá[2] e o dedão do pé de Ci. Tutu Marambá veio, topou com a tesoura e se enganou: chupou o olho dela e foi-se embora satisfeito. Todos agora só matutavam no pecurrucho.

Mandaram buscar pra ele em São Paulo os famosos sapatinhos de lã tricotados por dona Ana Francisca de Almeida Leite Morais[3] e em Pernambuco as rendas "Rosa dos Alpes", "Flor de Guabiroba" e "Por ti padeço" tecidas pelas mãos de dona Joaquina Leitão mais conhecida pelo nome de Quinquina Cacunda. Filtravam o milhor[4] tamarindo das irmãs Louro Vieira, de Óbidos, pro menino engolir no refresco o remedinho pra lombriga. Vida feliz, era bom!... Mas uma feita jucurutu[5] pousou na maloca do imperador e soltou o regougo agourento[6]. Macunaíma tremeu assustado espantou os mosquitos e caiu no pajuari[7] por demais pra ver si espantava o medo também. Bebeu e dormiu noite inteira. Então chegou a Cobra Preta e tanto que chupou o único peito vivo de Ci[8] que não deixou nem o apojo[9]. E como Jiguê não conseguira moçar[10] nenhuma das icamiabas o curumim sem ama chupou o peito da mãe no outro dia, chupou mais, deu um suspiro envenenado e morreu.

Botaram o anjinho numa igaçaba esculpida[11] com forma de jaboti e pros boitatás[12] não comerem os olhos do morto o enterraram mesmo no centro da taba com muitos cantos muita dança e muito pajuari.

Terminada a função a companheira de Macunaíma toda enfeitada ainda, tirou do colar uma muiraquitã famosa, deu-a pro companheiro e subiu pro céu por um cipó. É lá que Ci vive agora nos trinques[13] passeando, liberta das formigas, toda enfeitada ainda, toda enfeitada de luz, virada numa estrela. É a Beta do Centauro.

---

1 Tutu Marambá: bicho-papão.
2 Piá: criança.
3 Ana Francisca de Almeida Leite Morais: nesse parágrafo, o narrador cita várias pessoas conhecidas. Segundo informa o crítico e pesquisador Cavalcanti Proença, Ana Francisca era a própria tia de Mário de Andrade.
4 Milhor (grafia do autor): melhor.
5 Jucurutu: nome amazônico do grande mocho-orelhudo ou corujão-orelhudo.
6 Regougo agourento: pio que traz azar, segundo a crendice popular.
7 Pajuari: um tipo de bebida forte preparada pelos índios.
8 Segundo a lenda, as amazonas cortavam um dos seios para melhor usarem os arcos e as flechas.
9 Apojo: leite mais grosso, depois que se tirou o primeiro, que é pouco espesso.
10 Moçar: engravidar.
11 Igaçaba esculpida: grande vaso de barro esculpido, usado pelos indígenas como urna funerária.
12 Boitatás: cobras de olhos de fogo (personagem do folclore indígena).
13 Nos trinques: toda elegante.

No outro dia quando Macunaíma foi visitar o túmulo do filho, viu que nascera do corpo uma plantinha. Trataram dela com muito cuidado e foi o guaraná. Com as frutinhas piladas[1] dessa planta é que a gente cura muita doença e se refresca durante os calorões de Vei, a Sol[2].

(Op. cit. p. 23-24)

1. O que representa a muiraquitã?
2. Por que ela é preciosa para Macunaíma?

Texto 3

Em uma de suas aventuras, Macunaíma perde a muiraquitã e fica desconsolado. Começa, com os irmãos, a busca pelo precioso amuleto, que fora presente de sua amada Ci.

[Em busca da muiraquitã]

No outro dia os manos deram um campo até a beira do rio mas campearam[3], campearam em vão, nada de muiraquitã. Perguntaram pra todos os seres, aperemas saguis tatus-mulitas tejus mussuãs da terra e das árvores, tapiucabas chabós matinta-pereras pinica-paus e aracuãs do ar, pra ave japiim e seu compadre marimbondo, pra baratinha casadeira, pro pássaro que grita "Taám!" e sua companheira que responde "Taím!", pra lagartixa que anda de pique com o ratão, pros tambaquis tucunarés pirarucus curimatás do rio, os pecaís tapicurus e iererês da praia, todos esses entes vivos mas ninguém não vira nada, ninguém não sabia de nada. E os manos bateram pé na estrada outra vez, varando os domínios imperiais. O silêncio era feio e o desespero também. De vez em quando Macunaíma parava pensando na marvada... Que desejo batia nele! Parava tempo. Chorava muito tempo. As lágrimas escorregando pelas faces infantis do herói iam lhe batizar a peitaria cabeluda. Então ele suspirava sacudindo a cabecinha:

— Qual, manos! Amor primeiro não tem companheiro, não!...

---

1 Piladas: socadas com pilão (do corpo do menino nasce o guaraná).
2 Vei, a Sol: Vei é uma deusa, por isso é uma entidade feminina.
3 Campearam: correram pelo campo, exploraram o campo procurando.

Continuava a caminhar. E por toda a parte recebia homenagens e era sempre seguido pelo séquito sarapintado[1] de jandaias e araras vermelhas.

Uma feita[2] em que deitara numa sombra enquanto esperava os manos pescando, o Negrinho do Pastoreio pra quem Macunaíma rezava diariamente[3], se apiedou do panema[4] e resolveu ajudá-lo. Mandou o passarinho uirapuru. Quando sinão quando o herói escutou um tatalar inquieto e o passarinho uirapuru pousou no joelho dele. Macunaíma fez um gesto de caceteação e enxotou o passarinho uirapuru. Nem bem minuto passado escutou de novo a bulha e o passarinho pousou na barriga dele. Macunaíma nem se amolou mais. Então o passarinho uirapuru agarrou cantando com doçura e o herói entendeu tudo o que ele cantava. E era que Macunaíma estava desinfeliz[5] porque perdera a muiraquitã na praia do rio quando subia no bacupari[6]. Porém agora, cantava o lamento do uirapuru, nunca mais que Macunaíma havia de ser marupiara[7] não, porque uma tracajá[8] já engolira a muiraquitã e o mariscador que apanhara a tartaruga tinha vendido a pedra verde pra um regatão[9] peruano se chamando Venceslau Pietro Pietra. O dono do talismã enriquecera e parava fazendeiro e baludo[10] lá em São Paulo, a cidade macota[11] lambida pelo igarapé[12] Tietê.

Dito isto o passarinho uirapuru executou uma letra no ar e desapareceu. Quando os manos chegaram da pesca Macunaíma falou pra eles:

— Ia andando por um caminho negaceando um catingueiro[13] e vai, presenciei[14] um friúme no costado[15]. Botei a mão e saiu uma lacraia mansa que me falou toda a verdade.

Então Macunaíma contou o paradeiro da muiraquitã e disse pros manos que estava disposto a ir em São Paulo procurar esse tal Venceslau Pietro Pietra e retomar o tembetá[16] roubado.

1   Sarapintado: de várias cores.
2   Uma feita: uma vez.
3   Alusão à lenda do Negrinho do Pastoreio, nascida no Sul do Brasil. Depois de morto, o Negrinho se transforma num ser protetor que ajuda a encontrar coisas perdidas.
4   Panema: infeliz, azarado.
5   Desinfeliz: muito infeliz.
6   Bacupari: um tipo de árvore frutífera.
7   Marupiara: feliz na vida.
8   Tracajá: tartaruga de água doce.
9   Regatão: comerciante.
10 Parava fazendeiro e baludo: vivia como fazendeiro e ricaço.
11 Macota: importante.
12 Igarapé: rio.
13 Negaceando um catingueiro: perseguindo um veado-catingueiro.
14 Presenciei: senti.
15 Friúme no costado: frio nas costas.
16 Tembetá: adorno labial dos indígenas. Macunaíma tinha usado a muiraquitã como tembetá.

— ... e cascavel faça ninho si eu não topo com a muiraquitã! Si vocês venham comigo muito que bem, si não, homem, antes só do que mal acompanhado! Mas eu tenho opinião de sapo e quando encasqueto[1] uma coisa aguento firme no toco[2]. Hei de ir só pra tirar a prosa do passarinho uirapuru, minto! da lacraia.

Depois que discursou Macunaíma deu uma grande gargalhada imaginando na peça que pregava no passarinho. Maanape e Jiguê resolveram ir com ele, mesmo porque o herói carecia de proteção.

(Op. cit. p. 31-32)

1. Nesse texto, temos um exemplo da superstição popular de que não se deve contar um sonho bom, senão ele não se realiza. Em que momento do texto isso ocorre?
2. Mas há um momento em que Macunaíma quase revela como soube da verdade sobre a muiraquitã. Identifique essa passagem.
3. Por que Macunaíma e os irmãos resolvem ir para São Paulo?

Texto 4

[A caminho de São Paulo]

Uma feita a Sol cobrira os três manos duma escaminha de suor e Macunaíma se lembrou de tomar banho. Porém no rio era impossível por causa das piranhas tão vorazes que de quando em quando na luta pra pegar um naco[3] de irmã espedaçada, pulavam aos cachos pra fora d'água metro e mais. Então Macunaíma enxergou numa lapa[4] bem no meio do rio uma cova cheia d'água. E a cova era que-nem a marca dum pé gigante. Abicaram[5].

---

1 Encasqueto: ponho na cabeça.
2 Aguento firme no toco: enfrento as dificuldades, não desanimo.
3 Um naco: um pouco.
4 Lapa: gruta.
5 Abicaram: encostaram (a canoa).

O herói depois de muitos gritos por causa do frio da água entrou na cova e se lavou inteirinho. Mas a água era encantada porque aquele buraco na lapa era marca do pezão do Sumé[1], do tempo em que andava pregando o evangelho de Jesus pra indiada brasileira. Quando o herói saiu do banho estava branco louro e de olhos azuizinhos, água lavara o pretume dele. E ninguém não seria capaz mais de indicar nele um filho da tribo retinta dos Tapanhumas.

Nem bem Jiguê percebeu o milagre, se atirou na marca do pezão do Sumé. Porém a água já estava muito suja da negrura do herói e por mais que Jiguê esfregasse feito maluco atirando água pra todos os lados só conseguiu ficar da cor do bronze novo. Macunaíma teve dó e consolou:

— Olhe, mano Jiguê, branco você ficou não, porém pretume foi-se e antes fanhoso que sem nariz.

Maanape então é que foi se lavar, mas Jiguê esborrifara toda a água encantada pra fora da cova. Tinha só um bocado lá no fundo e Maanape conseguiu molhar só a palma dos pés e das mãos. Por isso ficou negro bem filho da tribo dos Tapanhumas. Só que as palmas das mãos e dos pés dele são vermelhas por terem se limpado na água santa. Macunaíma teve dó e consolou:

— Não se avexe, mano Maanape, não se avexe não, mais sofreu nosso tio Judas!

E estava lindíssimo no Sol da lapa os três manos um louro um vermelho outro negro, de pé bem erguidos e nus[2]. Todos os seres do mato espiavam assombrados. O jacareúna o jacaretinga, o jacaré-açu o jacaré-ururau de papo amarelo, todos esses jacarés botaram os olhos de rochedo pra fora d'água. Nos ramos das ingazeiras das aningas das mamoranas das embaúbas dos catauaris de beira-rio o macaco-prego o macaco-de-cheiro o guariba o bugio o cuatá o barrigudo o coxiú o cairara, todos os quarenta macacos do Brasil, todos, espiavam babando de inveja. E os sabiás, o sabiacica o sabiapoca o sabiaúna o sabiapiranga o sabiagongá que quando come não me dá, o sabiá-barranco o sabiá-tropeiro o sabiá-laranjeira o sabiá-gute todos esses ficaram pasmos e esqueceram de acabar o trinado, vozeando vozeando com eloquência. Macunaíma teve ódio. Botou as mãos nas ancas e gritou pra natureza:

— Nunca viu não!

---

1 Pezão do Sumé: segundo a lenda, o apóstolo Tomé (Sumé) teria deixado marcas de sua peregrinação apostólica no Brasil, antes da chegada de Cabral.
2 Aqui temos o aproveitamento da lenda da formação das três raças no Brasil. A partir de agora, os irmãos são diferentes: Macunaíma é branco, Maanape é negro e Jiguê é índio. Mas continuam irmãos.

Então os seres naturais debandavam vivendo e os três manos seguiram caminho outra vez.

Porém entrando nas terras do igarapé Tietê adonde o burbom vogava[1] e a moeda tradicional não era mais cacau[2], em vez, chamava arame contos contecos milréis borós tostão duzentorréis quinhentorréis, cinquenta paus, noventa bagarotes, e pelegas cobres xenxéns caraminguás selos bicos-de-coruja massuni bolada calcáreo gimbra siridó bicha e pataracos, assim, adonde até liga pra meia ninguém comprava nem por vinte mil cacaus. Macunaíma ficou muito contrariado. Ter de trabucar[3], ele, herói... Murmurou desolado:

— Ai! que preguiça!...

(Op. cit. p. 33-34)

1. Que características inovadoras do estilo de Mário de Andrade podemos destacar nesse texto?
2. O que preocupa Macunaíma ao chegar a São Paulo?

Texto 5

A seguir, temos um trecho da carta que Macunaíma, como imperador, escreve para as suas súditas, as índias icamiabas, para pedir dinheiro, pois ele e os dois irmãos só têm bagos de cacau e isso não compra nada em São Paulo. Nesta carta, Macunaíma quer exibir cultura e usa um português confuso, parodiando o estilo clássico por meio de palavras raras, construções arcaicas, expressões latinas, algumas totalmente fora de contexto, numa sátira à mania da época de usar uma linguagem artificial e distante da fala brasileira. Mário de Andrade comentou a esse respeito numa carta ao poeta Manuel Bandeira: "Macunaíma, como todo brasileiro que sabe um poucadinho, vira pedantíssimo. O maior pedantismo do brasileiro atual é o de escrever português de lei: Academia, Revista da Língua Portuguesa e outras: Rui Barbosa etc. desde Gonçalves Dias".

---

1   Burbom vogava: burbom é uma variedade de café; no caso, é símbolo da riqueza de São Paulo; por isso, ele vogava, predominava. Isto é, o dinheiro, a riqueza prevalecia sobre tudo.
2   Macunaíma tem um monte de bagos de cacau, que usava como moeda, como foi costume dos indígenas no comércio com os brancos. Mas em São Paulo só valia o dinheiro — do qual se lê um grande número de sinônimos nesse parágrafo, inclusive muitas gírias.
3   Trabucar: trabalhar. Macunaíma vai ter que trabalhar para arranjar dinheiro, se quiser ficar em São Paulo.

[Uma carta muito especial]

Às mui queridas súbditas nossas, Senhoras Amazonas.

Trinta de Maio de Mil Novecentos e Vinte e Seis,

São Paulo.

Senhoras:

Não pouco vos surpreenderá, por certo, o endereço e a literatura desta missiva. Cumpre-nos, entretanto, iniciar estas linhas de saudades e muito amor, com desagradável nova. É bem verdade que na boa cidade de São Paulo — a maior do universo, no dizer de seus prolixos habitantes — não sois conhecidas por «icamiabas», voz espúria[1], sinão que pelo apelativo de Amazonas; e de vós, se afirma, cavalgardes ginetes belígeros e virdes da Hélade clássica[2]; e assim sois chamadas. Muito nos pesou a nós[3], Imperator vosso, tais dislates[4] da erudição porém heis de convir conosco que, assim, ficais mais heroicas e mais conspícuas[5], tocadas por essa platina respeitável da tradição e da pureza antiga.

Mas não devemos esperdiçarmos vosso tempo fero, e muito menos conturbarmos vosso entendimento, com notícias de mau calibre; passemos pois, imediato, ao relato dos nossos feitos por cá.

Nem cinco sóis eram passados que de vós nos partíramos[6], quando a mais temerosa desdita[7] pesou sobre Nós. Por uma bela noite dos idos de maio do ano translato, perdíamos a muiraquitã; que outrem[8] grafara muraquitã, e, alguns doutos, ciosos de etimologias esdrúxulas[9], ortografam muyrakitan e até mesmo muraqueitã, não sorriais! Haveis de saber que este vocábulo, tão familiar às vossas trompas de Eustáquio[10], é quase desconhecido por aqui. Por estas paragens mui civis, os guerreiros chamam-se polícias, grilos, guardas-cívicas, boxistas, legalistas,

---

1 Voz espúria: voz, nesse caso, é palavra; espúria significa ilegítima, que não faz parte do nosso idioma. Isto é, em São Paulo, para designar as índias icamiabas, como são conhecidas na sua região, deve-se usar a palavra *amazonas*.

2 Cavalgardes ginetes belígeros e virdes da Hélade clássica: isto é, delas se diz que montavam cavalos próprios para a guerra e que vêm da Grécia clássica. Alusão ao mito grego das amazonas.

3 Muito nos pesou a nós: muito nos magoou.

4 Dislates: disparates, asneiras.

5 Conspícuas: notáveis, isto é, dizer que as icamiabas fazem parte da mitologia grega tornou-as mais importantes.

6 Nem cinco sóis eram passados que de vós nos partíramos: alusão parodística ao verso de Camões, em *Os lusíadas*: "Porém, já cinco sóis eram passados / que dali partíramos (...)".

7 Desdita: infelicidade.

8 Outrem: outra pessoa.

9 Ciosos de etimologias esdrúxulas: atentos à origem exótica das palavras.

10 Trompas de Eustáquio: ouvidos.

mazorqueiros, etc; sendo que alguns desses termos são neologismos[1] absurdos — bagaço nefando[2] com que os desleixados e petimetres[3] conspurcam[4] o bom falar lusitano. Mas não nos sobra já vagar para discretearmos "sub tegmine fagi"[5], sobre a língua portuguesa, também chamada lusitana. O que vos interessará mais, por sem dúvida, é saberdes que os guerreiros de cá não buscam mavórticas damas para o enlace epitalâmico[6]; mas antes as preferem dóceis e facilmente trocáveis por pequeninas e voláteis folhas de papel a que o vulgo chamará dinheiro — o "curriculum vitae" da Civilização, a que hoje fazemos ponto de honra em pertencermos. (...)

(Op. cit. p. 71-72)

1. Como se reconhece no texto a intenção de parodiar o estilo de linguagem tradicionalista e ultrapassado que ainda era valorizado na época?
2. Que comentário crítico Macunaíma faz sobre certos aspectos da sociedade dita "civilizada"?

Texto 6

Venceslau Pietro Pietra, o gigante Piaimã, estava com a muiraquitã. Para tentar recuperar a pedra, Macunaíma vai encontrar-se com ele.

[O gigante e a muiraquitã]

Se escutou uma bulha[7] formidável e tomou conta do ar um pitium[8] sufocando. Era Venceslau Pietro Pietra que chegava. O motorista se ergueu logo e a criada também. Estenderam a mão pra Macunaíma, convidando:

— Seu gigante chegou de viagem, vamos todos saber como está?

---

1 Neologismos: palavras recentemente inventadas.
2 Nefando: abominável.
3 Petimetres: sujeitos exibidos e metidos a elegante.
4 Conspurcam: mancham, corrompem.
5 Para discretearmos "sub tegmine fagi": para conversarmos sob a sombra da faia. Faia é um tipo de árvore. Essa expressão, extraída de um verso do poeta romano Virgílio (70-19 a.C.), satiriza o pedantismo da linguagem tradicional da época, cheia de citações de autores clássicos.
6 Não buscam mavórticas damas para o enlace epitalâmico: não buscam mulheres guerreiras para o casamento.
7 Bulha: barulho confuso de sons e vozes.
8 Pitium: cheiro forte.

Fizeram. Encontraram Venceslau Pietro Pietra na porta-da-rua conversando com repórter. O gigante riu pros três e falou pro motorista:

— Vamos lá dentro!

— Pois não!

Piaimã possuía orelhas furadas por causa dos brincos. Enfiou uma perna do rapaz na orelha direita, a outra na esquerda e foi carregando o moço nas costas. Atravessaram o parque e entraram na casa. Bem no meio do hol de acapu[1] mobiliado com sofás de cipó-titica feitos por um judeu alemão de Manaus, se via um buraco enorme tendo por cima um cipó de japecanga[2] feito balanço. Piaimã sentou o moço no cipó e perguntou pra ele si queria balançar um bocado. O moço fez que sim. Piaimã balançou balançou, de repente deu um arranco. Japecanga tem espinho... Os espinhos entraram na carne do chofer e principiou escorrendo sangue no buraco.

— Chega! já estou satisfeito! que o chofer gritava.

— Balança que vos digo! secundava Piaimã.

Sangue escorrendo. A caapora[3] companheira do gigante estava lá em baixo do buraco e o sangue pingava numa tachada de macarrão que ela preparava pro companheiro. O rapaz gemia no balanço:

— Ah, si eu possuísse meu pai e minha mãe a meu lado não estava padecendo nas mãos deste malvado!...

Então Piaimã deu um arranco muito forte no cipó e o rapaz caiu no molho da macarronada.

Venceslau Pietro Pietra foi buscar Macunaíma. O herói já estava se rindo com a criadinha. O gigante falou pra ele:

— Vamos lá dentro?

Macunaíma estendeu os braços sussurrando:

— Ai!... que preguiça!...

— Ora vamos!... Vamos?

— Pois sim...

Então Piaimã fez pra ele como fizera pro chofer, carregou o herói nas costas de cabeça pra baixo prendidos os pés nos buracos das orelhas. Macunaíma apru-

---

1 Hol de acapu: *hall* de acapu, que é um tipo de árvore cuja madeira é usada em construções de casas.

2 Japecanga: certa planta trepadeira.

3 Caapora: entidade mitológica, habitante das matas. Neste caso, é a companheira canibal do gigante.

mou a sarabatana[1] e assim de cabeça pra baixo era ver um atirador malabarista de circo, acertando nos ovinhos do alvo. O gigante ficou muito incomodado virou e percebeu tudo.

— Faz isso não, patrício!

Tomou a sarabatana e jogou longe, Macunaíma agarrava quanto ramo caía na mão dele.

— Que você está fazendo? perguntou o gigante ressabiado.

— Não vê que os ramos estão batendo na minha cara!

Piaimã virou o herói de cabeça pra cima. Então Macunaíma fez cócegas com os ramos nas orelhas do gigante. Piaimã dava grandes gargalhadas e pulava de gozo.

— Não amola mais, patrício! ele fez.

Chegaram no hol. Por debaixo da escada tinha uma gaiola de ouro com passarinhos cantadores. E os passarinhos do gigante eram cobras e lagartos. Macunaíma pulou na gaiola e principiou muito disfarçado comendo cobra. Piaimã convidava-o pra vir no balanço porém Macunaíma engolia cobras contando:

— Falta cinco...

E engolia mais outra bicha. Afinal as cobras se acabaram e o herói cheio de raiva[2] desceu da gaiola com o pé direito. Olhou cheio de raiva pro gatuno da muiraquitã e rosnou:

— Hhhm... que preguiça!

Mas Piaimã insistia pro herói balangar.

— Eu até que nem não sei balançar... Milhor você vai primeiro, que Macunaíma rosnou.

— Que eu nada, herói! É fácil que-nem beber água! Assuba na japecanga, pronto: eu balanço!

— Então aceito porém você vai primeiro, gigante.

Piaimã insistiu, mas ele sempre falando pro gigante balançar primeiro. Então Venceslau Pietro Pietra amontou no cipó e Macunaíma foi balançando cada vez mais forte. Cantava:

> Bão-ba-lão
> Senhor capitão,
> Espada na cinta
> Ginete na mão!

---

1 **Sarabatana: tubo fino e comprido pelo qual se pode soprar e atirar pedrinhas, grãos de chumbo, setas etc.**

2 **Segundo o pesquisador Cavalcanti Proença, comer cobras e ficar furioso (como fez Macunaíma) refere-se à expressão popular "Fulano comeu cobra", para significar que alguém está enfurecido.**

Deu um arranco. Os espinhos ferraram na carne do gigante e o sangue espirrou. A caapora lá em baixo não sabia que aquela sangueira era do gigante dela e aparava a chuva na macarronada. Molho engrossando.

— Para! Para! Piaimã gritava.

— Balança que vos digo! secundava Macunaíma.

Balançou até o gigante ficar bem tonto e então deu um arranco fortíssimo na japecanga. Era porque tinha comido cobra e estava furibundo[1]. Venceslau Pietro Pietra caiu no buraco berrando cantado:

— Lem lem lem... si desta escapar, nunca mais como ninguém!

Enxergava a macarronada fumegando lá em baixo e berrou pra ela.

— Afasta que vos engulo!

Porém jacaré fastou? nem tacho! O gigante caiu na macarronada fervendo e subiu no ar um cheiro tão forte de couro cozido que matou todos os ticoticos da cidade e o herói teve uma sapituca[2]. Piaimã se debateu muito e já estava morre-não-morre. Num esforço gigantesco inda se ergueu no fundo do tacho. Afastou os macarrões que corriam na cara dele, revirou os olhos pro alto, lambeu a bigodeira:

— Falta queijo! exclamou...

E faleceu.

Este foi o fim de Venceslau Pietro Pietra que era o gigante Piaimã comedor de gente.

Macunaíma quando voltou da sapituca foi buscar a muiraquitã e partiu na máquina bonde pra pensão. E chorava gemendo assim:

— Muiraquitã, muiraquitã de minha bela, vejo você mas não vejo ela!...

(Op. cit. p. 118-120)

1. Numa carta a Cavalcanti Proença, Mário de Andrade escreveu: "(...) nunca tive intenção de que Macunaíma não tivesse referência com o brasileiro. Até vivia falando que Macu não era o brasileiro, porém que ninguém não podia negar que era BEM brasileiro". Com base nos textos lidos, você acha que Macunaíma pode ser visto como uma representação do modo de ser do brasileiro? Por quê?

2. Quanto à linguagem da obra, resuma as principais características dos recursos usados pelo autor.

---

1 Furibundo: furioso.
2 Sapituca: breve desfalecimento.

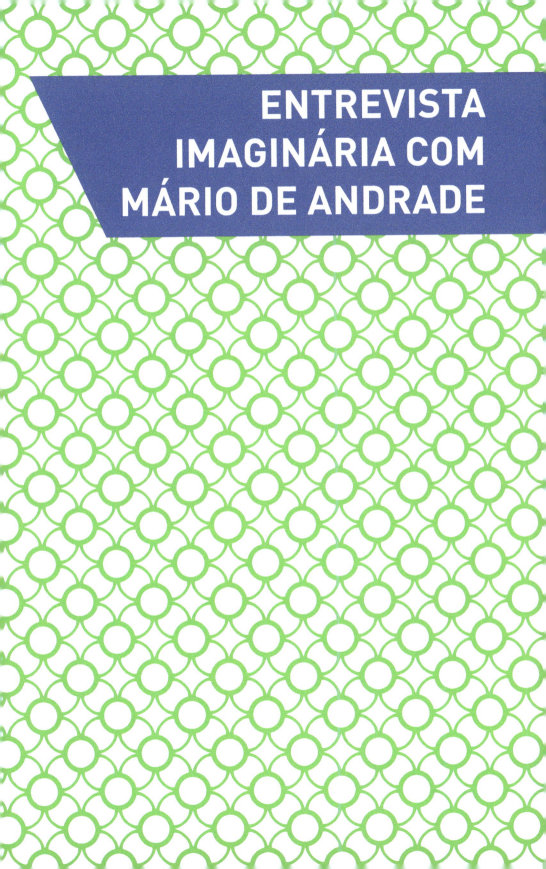
ENTREVISTA IMAGINÁRIA COM MÁRIO DE ANDRADE

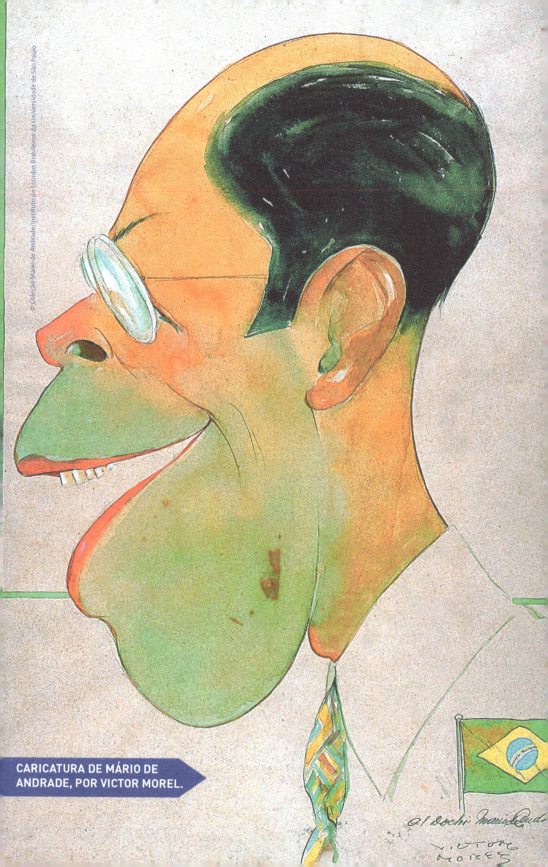

CARICATURA DE MÁRIO DE ANDRADE, POR VICTOR MOREL.

Para entender melhor quem foi Mário de Andrade e a sua importância dentro do Modernismo, imaginamos uma entrevista com ele. As respostas foram tiradas de seus próprios textos literários, artigos e depoimentos.

Entrevistador: Você sempre foi um homem profundamente identificado com a cidade de São Paulo. Como você resumiria essa paixão pela cidade?

Mário de Andrade: São Paulo! comoção de minha vida...

E: Por que você escreve? Pela fama?

MA: Não dou pra celebridade e eternização do meu nome a mínima importância. Não tenho nenhuma vaidade nesse sentido. Se escrevo é primeiro porque amo os homens. Tudo vem disso pra mim. Amo e por isso é que sinto esta vontade de escrever, me importo com os casos dos homens, me importo com os problemas deles e necessidades. Depois escrevo por necessidade pessoal. Tenho vontade de escrever e escrevo (isto pro caso dos versos). Mas mesmo isso psicologicamente ainda pode ser reduzido a um fenômeno de amor, porque ninguém escreve para si mesmo a não ser um monstro de orgulho. A gente escreve pra ser amado, pra atrair, encantar etc.

E: Como é seu processo de criação? Como você elabora seus personagens?

MA: Prefiro a solidão, ou sentar-me no banco de algum jardim e puxar conversas com desconhecidos, desempregados, operários, vagabundos. Tenho colhido de alguns muitas das minhas ideias e fatos. Aliás não tenho nenhum personagem em meus livros que seja inventado por mim. Todos eles existem ou existiram. E muitas vezes aproximo personagens que nunca se conheceram e faço vivê-los juntos.

E: Você participou da polêmica Semana de Arte Moderna, em 1922, no Teatro Municipal de São Paulo. Como foi essa experiência? Ela mudou sua vida?

MA: O meu mérito de participante é mérito alheio: fui encorajado, fui enceguecido pelo entusiasmo dos outros. Apesar da confiança absolutamente firme que eu tinha na estética renovadora, mais que confiança, fé verdadeira, eu não teria forças nem físicas nem morais para arrostar aquela tempestade de achincalhes. E se aguentei o tranco, foi porque estava delirando. O entusiasmo dos outros me embebedava, não o meu. Por mim, teria cedido. Digo que teria cedido, mas apenas nessa apresentação espetacular que foi a Semana de Arte Moderna. Com ou sem ela, minha vida intelectual seria o que tem sido.

E: Houve muito tumulto durante a leitura de algumas poesias e mesmo no saguão, onde estavam expostas várias obras de arte moderna. Ao se lembrar disso hoje, o que você se pergunta?

MA: Como tive coragem para dizer versos diante duma vaia tão bulhenta que eu não escutava no palco o que Paulo Prado me gritava da primeira fila das poltronas?... Como pude fazer uma conferência sobre artes plásticas, na escadaria do teatro, cercado de anônimos que me caçoavam e ofendiam a valer?

E: Além do amor à cidade de São Paulo, você também sempre disse amar a nossa língua. Por quê?

MA: A língua brasileira é das mais ricas e sonoras. E possui o admirabilíssimo "ão".

E: O seu esforço de contribuir para a criação de uma língua literária brasileira que melhor se adequasse aos novos tempos chocou muita gente, que não aceitava suas "ousadias" ortográficas e mesmo sintáticas. Diziam até que você escrevia "errado"...

MA: Está claro que nenhuma dessas minhas ousadias justifica a ignorância. O escritor é o que se expressa pela linguagem alfabética, isto é, a linguagem culta. É preciso, pois, que ele conheça preliminarmente essa linguagem que lhe vai servir de instrumento de expressão. Só tem direito de "errar" quem conhece o certo. Só então o erro deixa de o ser para se tornar um ir além das convenções tornadas inúteis pelas exigências novas de uma nova expressão.

E: É verdade que você não gostava de ser chamado de "futurista", como se fosse um seguidor do italiano Marinetti, fundador do Futurismo? Mas o próprio Oswald de Andrade, num artigo, chamou você de "meu poeta futurista", não é mesmo?

MA: Não sou futurista (de Marinetti). Disse e repito-o. Tenho pontos de contato com o futurismo. Oswald de Andrade, chamando-me de futurista, errou. A culpa é minha. Sabia da existência do artigo e deixei que saísse. Tal foi o escândalo que desejei a morte do mundo. Era vaidoso. Quis sair da obscuridade. Hoje tenho orgulho. Não me pesaria reentrar na obscuridade.

E: A seu ver, qual foi a grande contribuição do movimento modernista?

MA: Manifestando-se especialmente pela arte o movimento modernista foi o prenunciador, o preparador e por muitas partes o criador de um estado de espírito nacional. A transformação social do mundo com a quebra gradativa dos grandes impérios, a prática europeia de novas ideologias políticas, a rapidez dos transportes e mil e uma outras causas internacionais, bem como o desenvolvimento da consciência americana e nacional, os progressos internos da técnica e da educação, impunham a criação de um espírito novo e exigiam a reverificação e mesmo a remodelação da inteligência brasileira. Isto foi o movimento modernista, de que a Semana de Arte Moderna ficou sendo o brado coletivo principal.

Há um mérito inegável nisso, embora aqueles primeiros modernistas... das cavernas, que nos reunimos em torno de Anita Malfatti e Vitor Brecheret, tenhamos como que apenas servido de altifalantes de uma força universal e nacional muito maior que nós. Força fatal, que viria mesmo.

E: O modernismo teria sido uma espécie de alarme?

MA: O Modernismo foi um toque de alarme. Todos acordaram e viram perfeitamente a aurora no ar. A aurora continha em si todas as promessas do dia, só que ainda não era o dia. Mas é uma satisfação ver que o dia está cumprindo, com grandeza e maior fecundidade, as promessas da aurora.

E: Certa vez, você disse que lamentava que os modernistas não tivessem participado mais da vida social e política, tendo ficado praticamente à margem dessas discussões. Por quê?

MA: Se de alguma coisa pode valer o meu desgosto, a insatisfação que eu me causo, que os outros não sentem assim na beira do caminho, espiando a multidão passar. Façam ou se recusem a fazer arte, ciência, ofícios. Mas não fiquem apenas nisso, espiões da vida, camuflados em técnicos de vida, espiando a multidão passar. Marchem com as multidões.

E: Acha que vocês podem servir de exemplo?

MA: Eu creio que os modernistas da Semana de Arte Moderna não devem servir de exemplo a ninguém. Mas podemos servir de lição.

E: Mas o passado...

MA: O passado é lição para se meditar, não para reproduzir.

E: Quem é você, afinal?

MA: Eu sou trezentos, sou trezentos e cinquenta, mas um dia afinal eu toparei comigo...

SUGESTÕES DE ATIVIDADES

Para ampliar seus conhecimentos sobre Mário de Andrade e o movimento modernista, apresentamos a seguir algumas sugestões de atividades que podem ser feitas individualmente ou em grupo, sob a orientação do professor de Literatura (a participação dos professores de Arte e História também poderá enriquecer o trabalho).

1. Recordando a Semana de 1922

Sugerimos que os alunos se organizem em grupos para a montagem de uma exposição ou de um painel sobre a Semana de 1922.

Inicialmente, cada grupo deve ser reunir para traçar um plano de trabalho e pesquisa, pois é necessário definir o que cada um vai apresentar. Depois, é importante fazer uma boa pesquisa sobre o assunto — há muito material disponível em livros, revistas e internet, onde é possível conseguir reproduções de textos, cartazes, obras de arte e vídeos. Devem ser abordados diferentes aspectos do evento: as artes plásticas, a literatura, a reação da plateia, o programa musical, o local do evento etc.

No dia da apresentação do painel, seria interessante que os grupos fizessem também uma leitura expressiva de alguns textos modernistas. Como complemento, o trabalho pode ser disponibilizado no site da escola para a consulta de outros alunos.

2. Painel de arte moderna

Por meio de uma pesquisa em livros e internet, os grupos devem selecionar obras de arte para ilustrar cada um dos principais movimentos que revolucionaram o panorama artístico do fim do século XIX e começo do XX: Impressionismo, Expressionismo, Cubismo, Surrealismo, Futurismo, Dadaísmo e Abstracionismo. Cada grupo pode ficar encarregado da explicação de um desses movimentos.

3. Mário de Andrade sob forma de jogral

Como Mário de Andrade tem muitos poemas que podem ser lidos sob a forma de jogral, cada grupo pode escolher um desses textos e o apresentar para a classe.

4. Sarau de poesia modernista

Os grupos escolhem poemas de vários poetas que participaram dos primeiros anos do Modernismo — como Mário de Andrade, Oswald de Andrade, Guilherme de Almeida, Manuel Bandeira, entre outros — e organizam um sarau, com a leitura de alguns desses textos. Se possível, fazer a leitura com acompanhamento musical.

5. Pintores da época do Modernismo

Sugerimos uma seleção e apresentação em sala de aula de quadros dos pintores mais destacados do Modernismo: Anita Malfatti, Tarsila do Amaral, Di Cavalcanti e Cândido Portinari. Cada grupo pode ficar encarregado de um artista, projetando e explicando suas obras.

6. Pauliceia desvairada: São Paulo na época de Mário de Andrade

Mário de Andrade é um poeta paulistano por excelência. Sugerimos que os grupos façam uma pesquisa iconográfica e histórica sobre a cidade de São Paulo na época do escritor para uma apresentação em sala de aula.

7. Eu, Mário de Andrade

Com base na biografia de Mário de Andrade e em seus textos, sugerimos a criação de um monólogo em que o próprio escritor se apresenta para falar de sua vida e obra.

Douglas Tufano é formado em Letras e Educação pela Universidade de São Paulo. Professor por muitos anos em escolas públicas e particulares, é também conhecido autor de várias obras didáticas e paradidáticas dirigidas a estudantes do Ensino Fundamental e Médio, nas áreas de Língua Portuguesa e de Literatura Brasileira e Portuguesa.